마음까지 위로하는
한 그릇 따뜻한 죽을 끓여볼까요?

레시피팩토리는 행복 레시피를
만드는 감성 공작소입니다.
레시피팩토리는 모호함으로 가득한
세상 속에서 당신의 작은 행복을 위한
간결한 레시피가 되겠습니다.

가끔이지만
꼭 필요한 요리책

죽

가끔이지만 꼭 필요한 요리책 – 죽

200% 활용하기

죽 끓이기는 처음이에요~
왕초보를 위한 기본 사용법!

- 네 가지 기본 **흰죽 만들기**(21쪽 참고)
- 아침죽, 영양죽, 별미죽, 보양죽 등 자신의 **상황에 맞는 죽 따라 만들기**

이제 죽에 대해 조금 알겠어요~
자신감이 붙은 당신을 위한 응용법!

- 요리 사진 아래 **응용 레시피도 활용**해 다양하게 만들기
- 각 레시피에 있는 **추천 밑국물로 깊은 맛의 죽 끓이기**(38쪽 참고)

죽이라면 언제든지 자신 있어요~
당신만의 특별한 레시피를 만들 수 있는 활용법!

- Plus tip(32쪽 참고)에 소개된 토핑 더하기, 부재료의 타이밍,
  국물 사용하기 노하우를 활용해 **나의 취향이 가득 담긴 죽 만들기**

Contents

바쁜 아침, 밥으로 15분 만에 끓여요~
아침죽

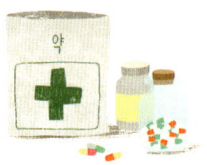

아플 때 속이 편안해지는 맛
영양죽

죽, 가끔이지만
꼭 필요해!

● 맛이 순해요! 아이도 먹기 좋은 죽
● 지친 속을 달래줘요! 해장에 좋은 죽
● 매콤해요! 입맛을 돋우는 얼큰한 죽
● 가벼워요! 300kcal 이하의 죽

성공! 맛있는 죽의 세 가지 Point

꼭 필요할 때 끓이는 죽이기에 실패하면 더욱 큰일!
세 가지 포인트를 기억하면 당신의 죽이 훨씬 더 맛있어져요.

✕ ✕ ✕ ✕ ✕ ✕ ✕ ✕ ✕ ✕ ✕

1
냄비, 두껍고 깊어야 한다

죽의 필수도구 냄비. 그런데 죽을 실패하는 이유 대부분이 냄비 때문이에요.
평상시 손이 자주 가는 가벼운 냄비는 두께는 얇고 깊이는 얕아 쌀을 볶는 과정에서 쉽게 타버리거나,
끓이는 과정에서 넘치거나 눌어붙는 경우가 많아요. 두껍고 깊은 냄비를 사용해야 실패 확률이 줄어든답니다.

2
쌀, 충분히 불려야 한다

불리지 않은 쌀과 불린 쌀로 각각 죽을 끓이면, 끓인 직후에는 큰 차이가 없지만
시간이 조금만 지나면 차이가 나요. 불리지 않은 쌀로 끓인 죽은 밥에 물을 말아놓은 것처럼
쌀과 국물이 분리되고 식감이 좋지 않아요. 반면, 불린 쌀은 쌀과 국물이 잘 어우러져 한 그릇을 다 비울 때까지
맛에 큰 차이가 없지요. 죽이 급하게 필요한 때가 아니라면 꼭 충분히 불린 쌀을 사용하세요.

3
재료, 넣는 타이밍이 중요하다

재료를 넣는 타이밍도 매우 중요해요(36쪽 참고). 단단한 채소, 육류, 해산물, 잎채소 등 죽에 사용하는 재료는
각각의 성질에 따라 쌀보다 먼저 넣거나 가장 마지막에 넣어 맛과 식감을 살려야 합니다.
재료의 수분이나 농도에 따라 죽에 들어가는 순서가 달라지니 재료 넣는 타이밍을 꼭 기억하세요.

✕ ✕ ✕ ✕ ✕ ✕ ✕ ✕ ✕ ✕ ✕

기본 도구 준비하기

맛있는 죽을 끓이기 위해 꼭 필요한 도구들을 점검해 보세요.
도구는 가정에 있는 것을 기본으로 사용하되 구매 시 아래의 설명을 참고해요.

꼭 필요한 도구

냄비
바닥이 두꺼운 법랑 냄비 또는
쌀이 눌어붙지 않는 코팅 냄비.
자주 끓어 넘치기 때문에 깊이가 깊은 것이 좋고,
맞는 뚜껑이 있다면 금상첨화지요.

주걱
죽이 삭는 것을 막아주는 나무 주걱
또는 냄비 바닥까지 잘 긁어낼 수 있는
실리콘 주걱이 딱! 이지요.

체
불린 곡물의 물기를 제거할 때 사용해요.
쌀이 통과하지 않을 정도의 간격!
너무 성긴 체는 피해요.

있으면 더 편리한 도구

푸드프로세서 또는 믹서
재료를 분쇄할 때 필요해요.
액체가 있어야 작동하는 믹서보다는
건조 재료도 갈 수 있는
푸드프로세서 제품을 선택하는 것이 좋아요.

고운 체
육류, 해산물을 넣은 죽은
끓으면서 거품이 많이 생겨요.
깔끔한 죽을 원한다면 제거하는 것이 좋아요.

불 세기 알아두기

조리의 기본은 불 조절! 요리할 때 적합한 불 세기를 알아두면 편리해요.
이 책에서는 총 4단계의 불 세기를 사용하고 있어요.

불 세기는 불꽃과
냄비의 간격으로 체크!

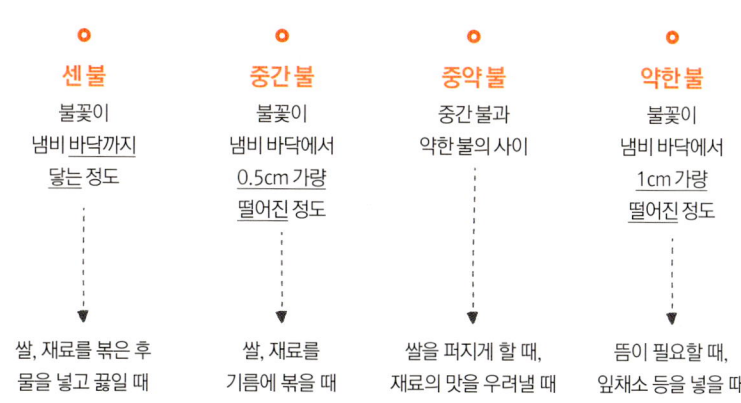

센 불
불꽃이
냄비 바닥까지
닿는 정도

쌀, 재료를 볶은 후
물을 넣고 끓일 때

중간 불
불꽃이
냄비 바닥에서
0.5cm 가량
떨어진 정도

쌀, 재료를
기름에 볶을 때

중약 불
중간 불과
약한 불의 사이

쌀을 퍼지게 할 때,
재료의 맛을 우려낼 때

약한 불
불꽃이
냄비 바닥에서
1cm 가량
떨어진 정도

뜸이 필요할 때,
잎채소 등을 넣을 때

스푼 & 컵 계량 가이드

가끔 만들어도 매번 똑같이 성공하기 위해선 정확한 계량이 필수지요.
계량스푼과 계량컵이 없다면 밥숟가락과 종이컵으로도 비슷한 계량이 가능하답니다.

계량스푼

1큰술(1TS) = 15㎖
= 밥숟가락 기준 약 1과 1/2큰술

1작은술(1ts) = 5㎖
= 밥숟가락 기준 약 1/2큰술

밥숟가락 1큰술 = 10㎖

계량컵

1컵(C) = 200㎖ = 종이컵 1컵

전자 저울

가장 쉽게 계량할 수 있는 전자 저울
가정용 2kg 추천

1큰술(액체류)
가득 담기

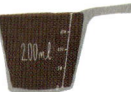
1컵(액체류)
가득 담기

1/2큰술
가운데 선까지 담기

1컵(가루류)
가득 담아 윗면 깎기

1큰술(가루류 & 장류)
가득 담아 윗면 깎기

1컵(장류)
꾹꾹 담아 윗면 깎기

1과 1/2큰술
= 1큰술 + 1/2큰술

1컵(알갱이류)
가득 담아 윗면 깎기

손대중 계량 가이드

저울이 필요한 해산물은 개수나 컵 기준으로 계량하고
크기가 제각각인 채소는 개수나 손대중량을 알아두면 더 편리해요.

단호박 1통(1kg)

브로콜리 1개(300g)

고구마 1개(200g)

애호박 1개(270g)

양파 1개(200g)

당근 1개(200g)

감자 1개(200g)

새송이버섯 1개(80g)

표고버섯 1개(25g)

지름
2cm
길이
10cm

우엉 1토막(25g)

두께 1cm
지름 10cm

무 1토막(100g)

길이
15cm

대파 15cm

미나리 1줌(70g)

쪽파 1줌(50g)

시금치 1줌(50g)

콩나물, 숙주 1줌(50g)

냉이 1줌(20g)

알배기배추 잎 1장(30g)

양배추 1장(30g)

배추김치 1컵(150g)

매생이 1컵(150g)

굴 1컵(200g)

조갯살 1컵(200g)

불린 미역 1컵(100g)

호두 1컵(100g)

대추 1컵(50g)

잣 1컵(100g)

해산물 손질 가이드

재료 손질은 모든 요리의 기본이지요. 특히 해산물은 꼼꼼히 손질해야 이물질이나 잡내 없이
깔끔하게 먹을 수 있어요. 이 책에 실린 모든 해산물의 손질을 자세히 소개합니다.

낙지

1. 가위로 낙지의 눈을 자른다.
2. 머리를 반으로 갈라 뒤집고 내장을 잡아 떼어낸다.
3. 다리를 뒤집어 입 안쪽에 가위집을 넣고 뼈를 눌러 제거한다.
4. 볼에 낙지, 밀가루(3큰술)를 넣고 바락바락 주무른 후 맑은 물이 나올 때까지 헹군다.

갈무리 방법

손질한 후 먹기 좋은 크기로 썰어 한 번 먹을 분량씩
지퍼백에 담아 냉동(14일). 냉장실에서 해동, 지퍼백째 찬물에 담아 해동한 후 죽에 사용해요.

1 가위를 이용해 오징어 몸통을 반으로 가르고 내장이 붙은 다리를 잡아 떼어낸다.

2 몸통에 붙은 투명한 뼈를 제거한다.

3 다리에 붙은 내장은 제거한다. 흐르는 물에서 다리를 훑어가며 빨판을 제거한다.

갈무리 방법

손질한 후 먹기 좋은 크기로 썰어 한 번 먹을 분량씩
지퍼백에 담아 냉동(14일). 냉장실에서 해동, 지퍼백째 찬물에 담아 해동한 후 죽에 사용해요.

해산물 손질 가이드

전복

1 조리용 솔로 이물질을 닦는다.

2 살과 껍데기 사이에 숟가락을 넣어 살을 떼어낸 후 내장은 손으로 뜯어 분리한다.

3 가위로 전복의 입 부분을 잘라낸다.

4 잘라낸 부분을 손으로 눌러 이빨을 제거한다.

갈무리 방법

손질한 후 먹기 좋은 크기로 썰어 한 번 먹을 분량씩
지퍼백에 담아 냉동(14일). 냉장실에서 해동, 지퍼백째 찬물에 담아 해동한 후 죽에 사용해요.

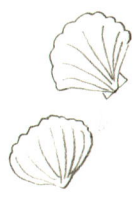

바지락

1

2

3

5

1 불투명한 볼에 해감되지 않은 바지락 + 물(5컵) + 소금(1작은술)을 넣는다(200g 기준).

2 도마나 쟁반으로 볼을 덮어 30분간 해감시킨다.

3 해감한 바지락은 볼에 바지락, 잠길 만큼의 물을 담고 비벼가며 씻는다.

4 체에 밭쳐 흐르는 물에 헹궈 물기를 뺀다.

갈무리 방법
손질한 후 지퍼백에 물과 함께 담아 냉장(2일). 삶은 후 살만 발라낸 다음 삶은 국물과 함께 한 번 먹을 분량씩
지퍼백에 담아 냉동(14일). 냉장실에서 해동 또는 실온에서 1~2시간 자연 해동한 후 죽에 사용해요.

해산물 손질 가이드

홍합

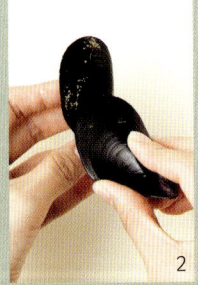

굴

1 홍합은 수염을 손으로 잡아당겨 떼어낸다.

2 껍데기끼리 비비거나 조리용 솔로 닦아 껍데기에 붙은 불순물을 제거한다.

3 흐르는 물에 씻은 후 체에 밭쳐 물기를 뺀다.

1 체에 밭쳐 물(4컵) + 소금(1큰술)이 담긴 볼에 넣는다.
살살 흔들어 씻은 후 물기를 뺀다.

▶ 굴은 손이 많이 닿으면 비린내가 심해져요.

갈무리 방법

지퍼백에 담아 냉장(2~3일). 삶은 후 껍데기를 제거하고 국물과 함께 냉동(14일). 냉장실에서 해동, 지퍼백째 찬물에 담아 해동한 후 죽에 사용해요.

갈무리 방법

봉지 굴의 경우 뜯지 않은 채 유통기한까지 냉장. 얼음 틀에 굴을 1~2개, 물을 넣어 랩을 씌워 냉동, 지퍼백에 옮겨 담아 냉동(14일). 냉장실에서 해동, 지퍼백째 찬물에 담아 해동한 후 죽에 사용해요.

채소 보관 가이드

죽에 들어가는 채소는 기호에 따라 다양한 채소를 사용하는 것이 좋아요.
채소를 대체해서 사용할 때는 레시피에 사용된 동량을 기본으로 사용해요.

활용도 높은 단단한 채소

무, 당근, 브로콜리, 애호박 등

냉장

잘린 단면에서 수분이 빠지지 않게 단면을 랩으로
밀착한 후 위생팩에 넣어 채소칸에 보관해요
(무, 당근 10~12일,
브로콜리, 애호박은 7일간 보관 가능).

냉동

당근, 애호박, 감자 등의 채소는
사방 0.5cm 크기로 썰어 지퍼백에 넣어
냉동(14일). 해동 없이 바로 사용해요.

구매 단위가 큰 잎채소, 버섯류

시금치, 미나리, 버섯 등

냉장

키친타월로 감싸 지퍼백에 넣어 보관해요
(시금치, 미나리 5~7일,
버섯류 7일간 보관 가능).
잎채소의 경우 썰어서 보관할 경우
짓무르기 쉬우니 피해요.

냉동

잎채소는 얼리면 식감이 좋지 않고
금세 시들어 버려요. 대파, 쪽파 외에는
추천하지 않아요.

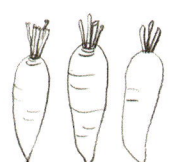

죽의 기본

흰죽 만들기

멥쌀, 현미, 찹쌀, 밥으로 끓이는 흰죽부터
아플 때 먹기 좋은 환자식까지. 나만의 죽을 만들기에 앞서,
죽에서 가장 기본이 되는 흰죽을 배워 봅시다!

기본 재료, 쌀 준비하기

죽을 끓일 때 가장 필요한 재료는 바로 쌀. 구매부터 불리기까지,
네 가지 단계를 알아두면 죽이 더 맛있어진답니다.

1

이런 쌀이 좋아요

이물질이 없고 광택이 나면서 투명하고
깨끗한 쌀이 좋아요. 깨져있는 것은 피하고
도정일자가 최근인 것을 구매해요.

2

보관도 중요해요

완전히 밀봉해 습기가 없고 직사광선이 없는
10℃ 정도의 저온에 보관하는 것이 기본!
밀폐용기에 넣어 1년 정도 보관 가능해요.

햅쌀은 기본 30분, 묵은쌀은 1시간 이상 불려요!

다른 곡물은 얼마나 불려야하나요?

	찹쌀, 흑미	찰현미	현미	녹두, 콩	팥
시간	30분~1시간	2~3시간	6~8시간	6~12시간	8~12시간

▶️ 쌀(멥쌀, 찹쌀, 현미, 찰현미 등)은 오래 불리면
맛과 향이 물에 빠져나올 수 있으니 시간을 지켜주세요.

3
잘 씻은 후 불려요

쌀은 많이 씻으면 전분과 영양분까지 씻겨 나가요.
찬물에 가볍게 문지르며 3번 정도
빠르게 헹궈 30분간 충분히 불려요.

4
물기를 최대한 빼요

불린 쌀은 체에 밭쳐 물기를 충분히 빼야
볶을 때 기름이 튀지 않고, 한알 한알 볶아져
죽의 식감이 좋아져요.

정성껏 끓인 맛, 쌀죽

배 아프고, 열이 나면 가장 생각나는 흰 쌀죽.
끓이는 법도 간단하고 모든 죽의 기본이 되는 만큼 활용도가 높아요.

재료 (2~3인분)

- **멥쌀 1컵(160g, 불린 후 210g)**
- 참기름 1큰술
- 물 6컵(1.2ℓ)
- 소금(또는 국간장)
  기호에 따라 가감

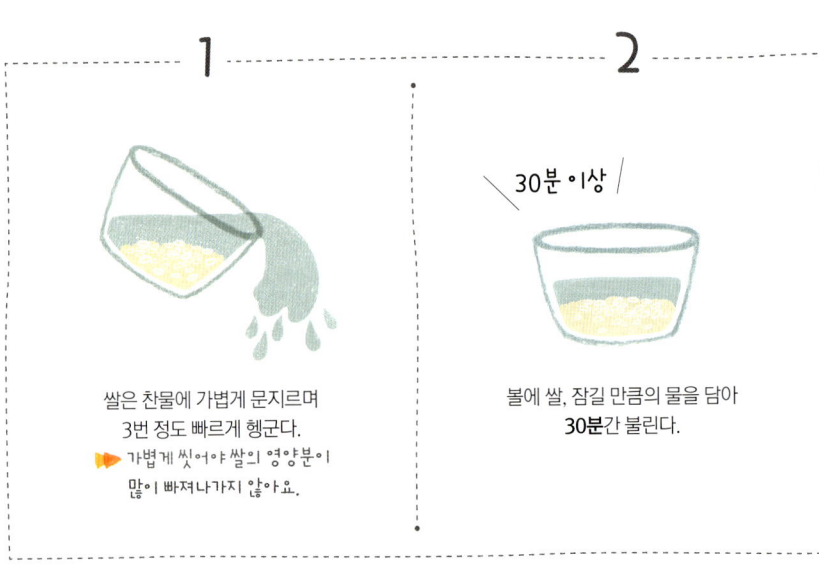

1

쌀은 찬물에 가볍게 문지르며
3번 정도 빠르게 헹군다.
▶ 가볍게 씻어야 쌀의 영양분이
많이 빠져나가지 않아요.

2

\ 30분 이상 /

볼에 쌀, 잠길 만큼의 물을 담아
30분간 불린다.

3

불린 쌀을 체에 밭쳐
물기를 최대한 제거한다.
▶ 물기가 있으면 기름이 튀거나
쌀이 잘 볶아지지 않아 풍미가 줄어들어요.

4

달군 냄비에 참기름을 두르고 불린 쌀을 넣어
중간 불에서 **1분 30초**간 볶는다.
▶ 참기름이 죽의 풍미를 더해줘요.

5

물 6컵(1.2ℓ)을 넣고 센 불에서 끓인다.
▶ 물 대신 밑국물(38쪽)을
사용하면 죽이 더 맛있어져요.

6

끓어오르면 중약 불로 줄여 중간중간
저어가며 **20분**간 끓인다.
▶ 쌀을 충분히 불리지 못했거나
묵은쌀일 경우 뚜껑을 덮고 끓여요.

❗ 시간이 없다면 ── 불리지 않은 멥쌀 사용하기

불리지 않은 멥쌀 1컵(160g)의 경우 물을 1컵(200㎖) 늘리고 뚜껑을 덮어
10분 더 끓여요. 불린 쌀보다 익는 시간이 오래 걸리기 때문에 뚜껑을 덮어야만,
냄비 속 온도와 압력이 일정하게 유지되어 죽이 잘 퍼진답니다.

씹을수록 고소한 맛, 현미죽

쌀보다 전분이 적어 죽의 재료로 잘 사용하지 않는 현미.
하지만, 막상 끓여보면 쫀득한 식감과 고소한 풍미가 일품이랍니다.

재료 (2~3인분)

- **현미 1컵(160g, 불린 후 210g)**
  - 참기름 1큰술
  - 물 7컵(1.4ℓ)
- 소금(또는 국간장)
  기호에 따라 가감

1
달군 냄비에 참기름을 두르고
6시간 이상 충분히 불린 현미를 넣어
중간 불에서 **1분 30초**간 볶는다.
▶▶ 참기름이 죽의 풍미를 더해줘요.

2
50분 이상
물 7컵(1.4ℓ)을 넣고 센 불에서
끓어오르면 중약 불로 줄여 뚜껑을 덮어
중간중간 저어가며 **50분**간 끓인다.

❗ 시간이 없다면 —— 불리지 않은 현미 사용하기

불리지 않은 현미 1컵(160g)의 경우 물을 1컵(200㎖) 늘리고 뚜껑을 덮어 10분 더 끓여요.
불린 쌀보다 익는 시간이 오래 걸리기 때문에 뚜껑을 덮어야
냄비 속 온도와 압력이 일정하게 유지되어 죽이 잘 퍼진답니다.

소화에 최고, 부드러운 찹쌀죽

찰기가 있는 찹쌀로 죽을 끓이면 죽에 윤기가 흐르고 부드러운 맛을 낸답니다.
소화가 쉬워 위에도 부담이 덜하니 아플 때는 찹쌀을 기억하세요.

재료 (2~3인분)

• 찹쌀 1컵(160g, 불린 후 230g)
• 참기름 1큰술
• 물 5컵(1ℓ)
• 소금(또는 국간장)
기호에 따라 가감

1
달군 냄비에 참기름을 두르고 30분간
불린 찹쌀을 넣어 중간 불에서 **1분**간 볶는다.

▶▶ 찹쌀은 전분이 많아 멥쌀에 비해
냄비에 많이 눌어붙으니 잘 볶아요.

2
물 5컵(1ℓ)을 넣고 센 불에서
끓어오르면 중약 불로 줄여
중간중간 저어가며 **15분**간 끓인다.

❗ 시간이 없다면 ── **불리지 않은 찹쌀 사용하기**

불리지 않은 찹쌀 1컵(160g)의 경우 물의 양을 1컵(200㎖) 늘리고 뚜껑을 덮어
끓이는 시간을 7~8분 더 늘려요. 찹쌀은 잘 눌어 붙으니 다른 죽에 비해 자주 저어줘요.

간단하게, 빠르게! 밥죽

죽은 먹고 싶지만, 시간이 없다면? 딱 절반의 시간만 투자해 밥죽을 끓이세요.
15분이면 죽 한 그릇이 뚝딱 완성된답니다.

재료 (2인분)

- **따뜻한 밥 1공기(200g)**
  - 참기름 1/2큰술
  - 물 3컵(600㎖)
  - 소금(또는 국간장)
    기호에 따라 가감

1

밥 1공기 : 물 3컵

달군 냄비에 참기름을 두른 후 밥을 넣어
중약 불에서 **1분**간 볶는다.

▶▶ 밥은 쌀보다 더 잘 눌어붙기 때문에
꼭 중약 불에서 볶아요.

2

물 3컵(600㎖)을 넣고 센 불에서
끓어오르면 중약 불로 줄여
중간중간 저어가며 **10분**간 끓인다.

! **알아두면 좋아요** —— 잡곡밥, 찬밥 사용하기

밥은 죽으로 끓여도 잘 퍼지지 않아요. 잡곡밥의 경우 특히 잘 퍼지지 않으니 주걱으로 밥알을 으깨가며 끓여요.
찬밥은 볶을 때 덩어리지기 쉽기 때문에 전자레인지(700W)에서 살짝 데워 사용하는 것이 좋아요.

SOS! 환자식이 필요해

쌀로 끓인 뽀얀 흰죽도 아픈 사람들에게는 먹기 힘든 음식일 수 있어요.
쌀을 갈아서 끓인 죽은 치아나 위에 더욱 부담이 없지요. 가끔이지만 꼭 필요한 레시피! 기억하세요.

굵게 갈기

재료

• 멥쌀 1컵
(160g, 불린 후 210g)
• 물 6컵(1.2ℓ)

쌀이 반정도 부서진 상태,
소화가 어렵거나 치아가 안 좋을 경우
부드러운 식감을 원할 때 사용해요.

1

위생팩에 30분간 불린 멥쌀을 넣어 쌀알이
굵게 으깨지도록 밀대로 살살 두드리거나
푸드프로세서에 넣어 굵게 간다.

2

냄비에 ①, 물 6컵(1.2ℓ)을 넣고
센 불에서 끓어오르면 중약 불로 줄여
중간중간 저어가며 **15분**간 끓인다.

곱게 갈기

재료

• 멥쌀 3/4컵
(120g, 불린 후 160g)
• 물 5컵(1ℓ)

쌀이 가루처럼 곱게 갈아진 상태,
미음이 필요할 때 사용하거나
다양한 곡물죽에 사용해요.

1

푸드프로세서에 30분간 불린 멥쌀,
물 1컵(200㎖)을 넣어 1~2분간 곱게 간다.

2

냄비에 ①, 물 4컵(800㎖)을 넣고
센 불에서 가장자리에 기포가 생길 때까지
저어가며 끓인 후 중약 불로 줄여
계속 저어가며 **7분**간 끓인다.

▶▶ 같은 양의 쌀로 죽을 끓이면 곱게 간 쪽이 물을 더욱 많이 흡수,
죽의 양이 늘어나기 때문에 곱게 간 쌀을 사용할 때는 쌀의 양을 줄여주세요.

나만의 죽 만들기 1. 토핑 더하기

나만의 죽을 만드는 가장 쉬운 방법, 토핑으로 나만의 죽 완성하기!
흰죽에 토핑만 더해도 여러 가지 다양한 느낌의 죽이 된답니다.
토핑의 양은 1~2인분 기준으로 되어있으니, 조금씩 만들어 나의 취향에 맞는 토핑을 찾아보세요.

정성 가득~ 감칠맛 1등
황태보푸라기

- 황태채 1/2컵(10g)
- 설탕 1작은술
- 양조간장 1/2작은술
- 참기름 1작은술

▼

푸드프로세서에 황태채를 넣어
1분간 곱게 간다.
볼에 모든 재료를 넣고 섞는다.

매콤하게 먹고 싶다면
청양고추 + 고춧가루 + 간장
- 다진 청양고추 약간
- 고춧가루 약간
- 양조간장 1큰술
- 참기름 1/2작은술

봄내음 솔솔~
봄나물 + 간장
- 송송 썬 달래
(또는 다른 봄나물) 약간
- 양조간장 1큰술
- 참기름 1/2작은술

김치의 재탄생
볶음김치
- 익은 배추김치 1/2컵(75g)
- 참기름 1큰술
- 설탕 1/2큰술
- 후춧가루 약간

김치는 양념을 털어내고 물기를 꼭 짠 후 잘게 썬다.
달군 팬에 참기름을 두른 후 김치, 설탕,
후춧가루를 넣어 중간 불에서 3분간 볶는다.

곡물죽에 좋은
모둠 견과류

• 모둠 견과류 약간

모둠 견과류(호두, 땅콩, 호박씨,
해바라기씨 등)을 굵게 다진다.

참을 수 없는 고소함
노른자 + 간장 + 통깨

• 달걀노른자 1개
• 양조간장 1큰술
• 참기름 1/2작은술
• 통깨 약간

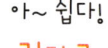

아~ 쉽다!
김가루

• 조미김 약간

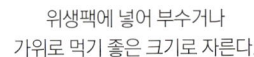

위생팩에 넣어 부수거나
가위로 먹기 좋은 크기로 자른다.

은은한 매콤함
고추기름 + 부추

- 고추기름 약간
- 송송 썬 부추 약간

톡톡 터지는 맛
명란 + 쪽파

- 명란젓 1개(작은 것, 40g)
- 송송 썬 쪽파 약간
- 참기름 1작은술

명란젓은 흐르는 물에 양념을 씻어
길이로 2등분한 후 칼등으로 알만 발라낸다.
볼에 모든 재료를 넣고 섞는다.

달걀죽에 최고
가쓰오부시 + 들기름

- 가쓰오부시 약간
- 들기름 1작은술

나만의 죽 만들기 2. 부재료의 타이밍

나만의 죽을 만드는 두 번째 방법. 내가 좋아하는 재료를 응용할 수 있는 부재료의 타이밍 알아두기!
죽을 만드는 과정을 다시 한 번 기억한 다음, 재료를 넣는 타이밍 시간표를 참고해 나만의 죽을 만드세요.

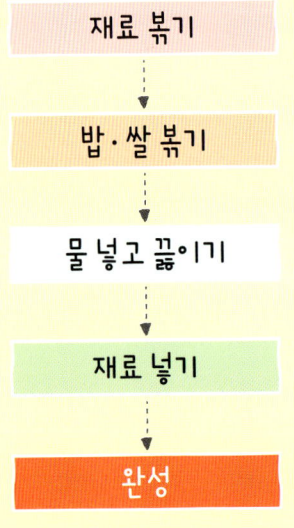

재료 볶기

↓

밥 · 쌀 볶기

↓

물 넣고 끓이기

↓

재료 넣기

↓

완성

>> 쌀보다 먼저 볶아야 할 재료

채소류 우엉, 무, 당근, 양파 등
육류 쇠고기 간 것, 닭고기 등

▶▶ 충분히 볶아야 재료의 맛이
제대로 우러 나오는 단단한 채소, 육류 등을
쌀보다 먼저 넣어요.

>> 쌀이 충분히 퍼진 후 넣어야 할 재료

해산물류 낙지, 굴, 전복, 생새우살 등
가공 식품류 게살, 참치 등
두류 두부, 연두부 등 **채소류** 배추 잎, 냉이, 숙주 등

▶▶ 빨리 넣으면 쉽게 짓겨지거나,
익는 시간이 짧은 재료들은 쌀이 퍼진 후에 넣어요.

죽이 완성되기 직전 넣어야 할 재료

잎채소류 미나리, 참나물 등
익힌 조갯살류 바지락살, 홍합살 등

▶▶ 금방 숨이 죽는 잎채소, 완전히 익힌 해산물은
마지막에 넣어 여열로 익혀요.

❗ 현미죽의 경우 조금 달라져요!

익는 시간이 다른 쌀에 비해 오래 걸리는 현미는 부재료를 먼저 볶으면 식감이 지나치게 물러져요.
현미가 어느 정도 익은 후에 재료를 넣어야 식감이 살아있는 맛있는 죽을 만들 수 있어요.

타이밍 시간표

최소 시간	밥죽	쌀죽	찹쌀죽	현미죽
	재료 볶기	재료 볶기	재료 볶기	현미 볶기
	밥 볶기	멥쌀 볶기	찹쌀 볶기	
	물 넣고 끓이기		물 넣고 끓이기	
15분	재료 넣기			
20분		물 넣고 끓이기	재료 넣기	
				물 넣고 끓이기
30분		재료 넣기		
50분				재료 넣기
				재료 넣기

재료 볶기 단단한 채소류, 육류 등
재료 넣기 해산물류, 잎채소류 등

나만의 죽 만들기 3. 국물 사용하기

나만의 죽을 만드는 세 번째 방법. 그냥 물로 끓인 죽보다 밑국물을 낸 죽이 훨씬 맛이 깊다는 사실!
재료 자체의 맛이 약한 죽에서는 밑국물을 사용해야 더 맛있는 죽을 만들 수 있어요.

▶▶ 완성된 국물의 양은 6컵(1.4ℓ)으로 미리 만들어 보관해두면 편해요.

멸치 다시마국물 ··

• 국물용 멸치 12마리(12g)
• 다시마 5×5cm 3장
• 물 7컵(1.4ℓ)

1 달군 냄비에 멸치를 넣고 중간 불에서 1분간 볶는다.
　▶▶ 내열용기에 펼쳐 담아 전자레인지(700W)에서
　1분간 돌려도 좋아요.

2 나머지 국물 재료를 넣고 센 불에서 끓어오르면
중약 불로 줄여 5분, 다시마를 건져내고
10분간 더 끓인 후 멸치를 건져낸다.

건새우 다시마국물 ··

• 두절 건새우 1/2컵(10g)
• 다시마 5×5cm 3장
• 물 7컵(1.4ℓ)

1 냄비에 국물 재료를 넣고 센 불에서 끓어오르면
중약 불로 줄여 5분간 끓인다.

2 다시마를 건져내고 10분간 더 끓인 후 건새우를 건져낸다.
　▶▶ 기호에 따라 건새우는 잘게 썰거나
　그대로 죽에 넣어도 좋아요.

표고버섯 다시마국물 ··

• 말린 표고버섯 3개(12g)
• 다시마 5×5cm 3장
• 물 7컵(1.4ℓ)

1 냄비에 국물 재료를 넣고 센 불에서 끓어오르면
중약 불로 줄여 5분간 끓인다.

2 다시마를 건져내고 10분간 더 끓인 후 표고버섯을 건져낸다.
　▶▶ 기호에 따라 표고버섯은 한 김 식힌 후
　먹기 좋은 크기로 썰어 죽에 넣어도 좋아요.

국물 보관하기

냉장 보관법

밀폐용기나 병에 담아 냉장(7일).
만든 날짜를 적어두는 것이 좋아요.

냉동 보관법

1회 분량씩 지퍼백에 담아 냉동(30일).
실온에서 1~2시간 자연 해동한 후 사용해요.
또는 지퍼백에서 빠져나올 정도로만 자연 해동한 후
냄비에 넣고 중간 불에서 녹여 사용해요.

❗ 조금 더 편하게

쌀이나 밥을 볶은 후 물을 넣는 과정에서 다시마 5×5cm 3장을 넣고
5~10분간 끓인 후 건져요. 혹은 시판 다시팩, 사골 국물 등을 사용해도 좋아요.

사골 국물의 경우 보양죽에 잘 어울리며 채소죽과도 궁합이 잘 맞아요.
가정에서 만든 농도가 진한 사골 국물은 기호에 따라 가감하거나
물을 섞어 사용해요.

오늘은 무슨 죽을
끓여볼까나~

바쁜 아침, 밥으로 15분 만에 끓여요~

아침죽

▶ 아침죽은 빠르게 끓이기 위해 모두 밥을 사용했어요.
더 맛있게 끓이려면 〈밥을 쌀로? 대체의 비밀, 58쪽〉을 참고해요.

새송이버섯죽

구매 단위가 커 냉장고 채소 칸에 늘 남아있는 새송이버섯을 죽에 넣어 보세요.
새송이버섯의 쫄깃한 식감이 뇌를 자극, 아침을 깨우는 데 도움이 될 테니까요.

모둠 버섯죽으로 만들기

새송이버섯은 다른 버섯(느타리버섯, 표고버섯, 양송이버섯)으로 대체할 수 있어요.
어떤 버섯을 사용해도 좋지만, 총 양을 160g으로 맞춰야 죽과 잘 어우러진답니다.

- 따뜻한 밥 1공기(200g)
- 새송이버섯 2개(160g)
- 물 3컵(또는
  멸치 다시마국물 38쪽 참고,
  600㎖) + 2큰술(볶음용)
- 참기름(또는 들기름) 1큰술
- 국간장 1큰술
- 소금 약간(기호에 따라 가감)

2

3

3-1

1 새송이버섯은 밑동을 제거하고 길이로 2등분한 후 0.5cm 두께로 썬다.

2 달군 냄비에 참기름을 두르고 새송이버섯,
   물 2큰술을 넣어 중간 불에서 2분, 밥을 넣고 1분간 볶는다.

3 물 3컵(600㎖), 국간장을 넣고 센 불에서 끓어오르면
   중약 불로 줄여 중간중간 저어가며 10분간 끓인다.
   소금으로 부족한 간을 더한다.

브로콜리 달걀죽

평소 채소를 챙겨 먹기 힘들다면 아침만이라도 채소가 듬뿍 들어간 죽을 끓여보세요.
비타민이 풍부한 브로콜리에 달걀을 더해 아침에 먹어도 부담이 없지요.

새우 브로콜리 달걀죽으로 만들기

새우를 넣으면 단백질이 보충 되어 더 든든하게 먹을 수 있어요.
과정 ⑤에서 브로콜리와 함께 생새우살(100g)을 넣어요. 다른 과정은 동일하게 진행해요.

- 따뜻한 밥 1공기(200g)
- 브로콜리 1/2개(150g)
- 양파 1/2개(100g)
- 달걀 1개
- 물 3컵(또는 건새우
  다시마국물 38쪽 참고, 600㎖)
- 다시마 5×5cm 3장
- 식용유 1큰술
- 새우젓 국물 2작은술
- 소금 약간(기호에 따라 가감)

1 브로콜리 데칠 물(4컵) + 소금(1작은술)을 끓인다.
  브로콜리는 한입 크기로 썰고, 양파는 사방 0.5cm 크기로 썬다.
  달걀은 볼에 넣어 푼다.

2 끓는 물에 브로콜리를 넣고 30초간 데친 후
  체로 건져 찬물에 헹궈 물기를 뺀다.

3 달군 냄비에 식용유를 두르고 양파를 넣고 중간 불에서
  1분 30초간 볶는다.

4 밥, 물 3컵(600㎖), 다시마, 새우젓 국물을 넣어 센 불에서 끓어오르면
  중약 불로 줄여 중간중간 저어가며 10분간 끓인 후 다시마를 건진다.

5 달걀물을 둘러가며 넣고, 브로콜리를 넣어 섞은 후
  중간 불에서 1분간 끓인다. 소금으로 부족한 간을 더한다.

두부 들깨죽

하루 중 체온이 가장 낮을 때, 바로 아침이지요. 조금 쌀쌀한 느낌이 든다면
몸을 따뜻하게 해주는 두부 들깨죽으로 아침을 시작해보세요.

두부 참깨죽으로 만들기

들깻가루가 없다면 통깨 2큰술로 대체해도 좋아요.
위생팩에 통깨를 넣어 밀대로 밀어 곱게 으깨요. 다른 과정은 동일하게 진행해요.

1 쪽파는 송송 썬다. 두부 1/4분량은 사방 1cm 크기로 썰고,
  나머지 두부는 칼날 옆면으로 으깬 후 젖은 면포로 감싸
  물기를 꼭 짠다.

2 큰 볼에 두부 양념 재료를 넣고 섞은 후 으깬 두부를 넣어 섞는다.

3 달군 냄비에 들기름을 두르고 밥을 넣어 약한 불에서
  1분 30초간 볶은 후 물 3컵(600㎖)을 넣고,
  센 불에서 끓어오르면 중약 불로 줄여 중간중간 저어가며 8분,
  ②를 넣고 저어가며 2분간 끓인다.

4 달군 팬에 식용유를 두르고 사방 1cm 크기로 썬 두부,
  소금을 뿌려 중약 불에서 2분간 앞뒤로 뒤집어가며 노릇하게 굽는다.

5 먹기 전에 ④, 쪽파를 올려 섞는다.
  ▶▶ 기호에 따라 국간장, 들깻가루로 간을 더해도 좋아요.

• 따뜻한 밥 1공기(200g)
• 두부 큰 팩 1모(부침용, 300g)
• 쪽파 1줄기(8g, 생략 가능)
• 식용유 1/2큰술
• 소금 약간
• 들기름 1/2큰술
• 물 3컵(또는 표고버섯
  다시마국물 38쪽 참고, 600㎖)

두부 양념
• 들깻가루 2큰술
• 다진 파 1큰술
• 국간장 1큰술
• 들기름 1/2큰술

1

3

4

김치 누룽지죽

누룽지 특유의 구수한 향이 색다른 느낌을 주는 죽이에요.
잘 익은 배추김치를 송송 썰어 넣어 씹는 식감까지 더했답니다.

누룽지 직접 만들기

약한 불로 달군 팬에 식용유 1작은술을 두른 후 키친타월로 팬 전체에 펴 발라요. 따뜻한 밥 1공기(또는 잡곡밥,
200g)를 넣고 물을 묻힌 숟가락 뒷면으로 눌러가며 최대한 얇게 펼쳐요. 약한 불에서 앞뒤로 각각 15분간
노릇하게 구워 한 김 식힌 후에 사용해요. 밥 1공기에 약 100g의 누룽지가 만들어져요.

- 시판 누룽지 2장
  (지름 18cm, 100g)
- 익은 배추김치 1컵(150g)
- 물 5컵(또는 멸치 다시마국물
  38쪽 참고, 1ℓ)
- 통깨 1작은술
- 참기름 1작은술
- 소금 1/2작은술
  (기호에 따라 가감)

양념
- 다진 파 1큰술
- 국간장 1과 1/2작은술

1

3

1 김치는 속을 털어낸 후 0.5cm 두께로 썬다.
볼에 김치, 양념 재료를 넣고 섞는다.

2 냄비에 누룽지, 물 5컵(1ℓ)을 넣고
센 불에서 끓어오르면 중약 불로 줄여 10분간 끓인다.
▶▶ 중간중간 누룽지를 주걱으로 부숴가며 끓여요.

3 김치를 넣고 중약 불에서 중간중간 저어가며 10분간 끓인다.

4 통깨, 참기름을 넣고 섞은 후 불을 끈다. 소금으로 부족한 간을 더한다.
▶▶ 기호에 따라 조미김, 송송 썬 쪽파를 곁들여도 좋아요.

49

참치 채소죽

유독 허기가 지는 아침이라면 참치가 들어간 든든한 죽이 좋아요.
늘 집에 구비되어 있는 통조림 참치로 간단하게 끓일 수 있어요.

닭가슴살 채소죽으로 만들기

통조림 참치를 통조림 닭가슴살(또는 통조림 연어, 135g)로 대체해도 좋아요.
닭가슴살은 체에 밭쳐 국물을 빼고 다른 과정은 동일하게 진행해요.

- 따뜻한 밥 1공기(200g)
- 통조림 참치 1캔(150g)
- 양파 1/5개(40g)
- 당근 1/5개(40g)
- 쪽파 2줄기(16g, 생략 가능)
- 참기름 1큰술
- 물 3컵(600㎖)
- 소금 1작은술
  (기호에 따라 가감)

1   양파, 당근은 사방 0.5cm 크기로 썬다. 쪽파는 송송 썬다.
    ▶ 당근 외에 다른 채소를 사용해도 좋아요.

2   참치는 체에 밭쳐 숟가락으로 눌러 기름기를 제거한다.

3   달군 냄비에 참기름을 두른 후 양파, 당근을 넣고
    중간 불에서 1분, 밥을 넣고 1분간 볶는다.

4   냄비에 참치, 물 3컵(600㎖)을 넣고 센 불에서 끓어오르면
    중약 불로 줄여 10분간 끓인다.
    쪽파를 넣고 소금으로 부족한 간을 더한다.

게살 연두부죽

피곤한 아침일수록 무언가를 씹어 삼키기가 힘들지요. 후루룩 떠먹는 죽 한 그릇이
위로가 되는 아침을 원한다면, 부담 없는 맛의 게살 연두부죽이 좋아요.

매콤 게살 연두부죽으로 만들기

재료에서 참기름을 고추기름(동량)으로 대체해요. 기호에 따라 과정 ⑤에서 고추기름을 더 넣어도 좋아요.
고추기름 만들기 : 내열용기에 식용유(2큰술)＋고춧가루(1작은술)를 넣고
전자레인지(700W)에서 1분 30초간 돌려요. 고운 체에 거른 후 식혀 사용해요.

- 따뜻한 밥 1공기(200g)
- 게맛살 7개(짧은 것, 140g)
- 연두부 1팩(또는 순두부, 250g)
- 양파 1/4개(50g)
- 대파(흰 부분) 15cm
- 대파(푸른 부분) 10cm
- 다시마 5×5cm 3장
- 참기름 1작은술
- 물 3컵(또는 건새우
  다시마국물 38쪽 참고, 600㎖)
- 국간장 1작은술
- 후춧가루 약간
- 소금 약간(기호에 따라 가감)

1 대파는 송송 썰고 양파는 0.5cm 두께로 썬다.
  게맛살은 결대로 찢는다.

2 달군 냄비에 참기름을 두르고 양파, 대파 흰 부분을 넣어
  중약 불에서 1분, 밥을 넣고 1분간 볶는다.

3 물 3컵(600㎖), 다시마, 국간장을 넣고
  센 불에서 끓어오르면 중약 불로 줄여 중간중간 저어가며
  8분간 끓인 후 다시마를 건진다.

4 연두부를 숟가락으로 떠 넣고
  게맛살, 대파 푸른 부분을 넣어 2분간 저어가며 끓인다.
  ▶▶ 두부 큰 팩 1/2모(부침용, 150g)를 칼날 옆면으로 으깬 후
  물기를 꼭 짠 후 사용해도 좋아요.
  좀 더 부드럽게 먹기 원한다면 달걀 1개를 넣고 끓여주세요.

5 불을 끄고 후춧가루를 넣는다. 소금으로 부족한 간을 더한다.
  ▶▶ 먹기 전에 통깨 간 것을 더해도 좋아요.

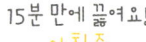

황태죽

숙취로 힘든 아침이라면 속을 풀어주는 황태죽이 제격이랍니다.
아미노산이 풍부해 숙취에 특효인 황태가 국보다 든든하게 빈 속을 채워 주지요.

김치 황태죽으로 만들기

익은 배추김치 1컵(150g)을 송송 썰어요. 과정 ②에서 황태채를 볶은 후
김치를 넣고 중약 불에서 2분간 볶아요. 다른 과정은 동일하게 진행해요.
과정 ③에서 달걀 1개를 풀어 부드럽게 즐겨도 좋아요.

- 따뜻한 밥 1공기(200g)
- 황태채 1컵(30g)
- 황태채 불린 물 3컵(600㎖)
- 대파 15cm 2대
- 통깨 1작은술(생략 가능)
- 후춧가루 약간(생략 가능)
- 소금 1작은술(기호에 따라 가감)

밑간
- 참기름 1큰술
- 다진 마늘 1작은술

1 황태채는 한입 크기로 자른다. 대파는 송송 썬다.

2 볼에 황태채, 물 3컵(600㎖)을 넣어 5분간 불린 후 물기를 꼭 짠다.
이때, 황태채 불린 물은 따로 둔다. 다른 볼에 황태채, 밑간 재료를 넣고
버무린다.

3 달군 냄비에 황태채를 넣어 중약 불에서 2분, 밥을 넣어 1분간 볶는다.
황태채 불린 물 3컵(600㎖)을 넣어 센 불에서 끓인다.
▶▶ 끓어오르면서 생기는 거품은 고운 체(또는 숟가락)로 걷어내요.

4 대파를 넣고 중약 불에서 중간중간 저어가며 10분간 끓인다.
통깨, 후춧가루, 소금을 넣어 섞는다. 소금으로 부족한 간을 더한다.

건새우 김죽

냉동실에 돌아다니는 건새우와 김만 있으면 뚝딱! 만들 수 있는 죽입니다.
건새우 특유의 감칠맛이 죽의 맛을 한결 더 좋게 해준답니다.

건새우 갈아서 사용하기

건새우의 식감이 부담스럽다면 푸드프로세서에 넣고 1분간 곱게 갈아 사용해도 좋아요.
단, 볶는 과정을 생략하고 물과 함께 넣어 끓여야 냄비에 들러붙지 않아요.

- 따뜻한 밥 1공기(200g)
- 두절 건새우 1/2컵(15g)
- 조미김 2장(A4크기, 4g)
- 양파 1/2개(50g)
- 애호박 1/9개(30g)
- 물 3컵(또는 멸치 다시마국물 38쪽 참고, 600㎖)
- 식용유 1큰술
- 새우젓 국물 1작은술
- 통깨 약간(기호에 따라 가감)
- 소금 약간(기호에 따라 가감)

1 건새우는 굵게 다진다. 양파, 애호박은 사방 0.7cm 크기로 썬다.

2 위생팩에 조미김을 넣어 잘게 부순다.
📢 일반 김을 사용할 때는 과정 ⑤에서 소금, 참기름을 조금 더 더해야 간이 맞는답니다.

3 달군 냄비에 식용유를 두르고 양파, 애호박을 넣어 중간 불에서 1분, 건새우를 넣고 30초간 볶는다.

4 밥을 넣고 중약 불에서 1분간 볶은 후 물 3컵(600㎖), 새우젓 국물을 넣고 센 불에서 끓어오르면 중약 불로 줄여 중간중간 저어가며 8분간 끓인다.

5 조미김을 넣고 중약 불에서 저어가며 2분간 끓인 후 통깨를 넣는다. 소금으로 부족한 간을 더한다.

밥을 쌀로? 대체의 비밀

바쁜 아침이라면 밥죽! 시간적 여유가 있다면? 풍미와 맛이 좋은 쌀죽으로 끓이는 게 좋아요.
재료를 볶고 끓이는 과정은 모두 동일하니 아래의 공식을 참고, 응용해보세요.

[1~2인분]

멥쌀 1/2컵   +   물 3컵(600㎖)
(80g, 불린 후 105g)

▶ 끓이는 시간 16~18분으로 늘리기

[2~3인분]

멥쌀 1컵   +   물 6컵(1.2ℓ)
(160g, 불린 후 210g)

▶ 끓이는 시간 18~20분으로 늘리기

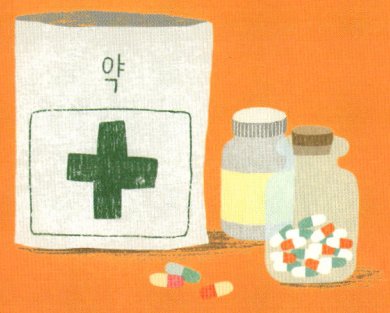

아플 때 속이 편안해지는 맛

영양죽

검은콩 현미 타락죽

타락죽은 죽의 부족한 단백질을 채워주고, 부드러운 맛을 한결 올려줘요.
비타민과 무기질이 풍부한 검은콩에 현미를 사용, 깊고 진한 맛까지 더했답니다.

현미밥으로 끓이기

현미는 현미밥 1과 1/2공기(300g)로 대체해요. 과정 ④에서 냄비에 검은콩, 물 4와 1/2컵(900㎖)를 넣고
센 불에서 끓어오르면 중약 불로 줄여 15분간 끓여요. 현미밥을 넣고 주걱으로 으깨어가며 풀어준 다음
센 불에서 끓어오르면 중약 불로 줄여 중간중간 저어가며 10분간 끓여요. 과정 ④를 진행해요.

2

3

5

- 현미 3/4컵(120g, 불린 후 160g)
- 검은콩 1/2컵(70g, 불린 후 160g)
- 물 5와 1/2컵(또는 표고버섯
  다시마국물 38쪽 참고, 1.1ℓ)
- 우유 1/2컵(또는 두유, 100㎖)
- 소금 1작은술(기호에 따라 가감)

1 볼에 현미, 잠길 만큼의 물을 담아 6시간 이상 불린다.
  다른 볼에 검은콩, 물 4컵을 담아 6시간 이상 충분히 불린 후
  각각 체에 밭쳐 물기를 뺀다.
  ▶▶ 콩은 충분히 불리지 않으면 딱딱한 식감이 되니
  전날 미리 불려 냉장보관해도 좋아요.

2 믹서에 검은콩, 물 1/2컵(100㎖)을 넣고
  쌀알 크기 정도가 되도록 버튼을 끊어가며 30초간 간다.

3 냄비에 물 5컵(1ℓ), 현미, 검은콩 간 것을 넣고 센 불에서 끓어오르면
  중약 불로 줄여 50분간 중간중간 저어가며 끓인다.
  ▶▶ 끓어오르며 생기는 콩의 거품은 사포닌 성분이랍니다.
  제거하지 않아도 괜찮아요. 완성할 무렵에는 모두 사라진답니다.

MILK

4 우유 1/2컵(100㎖), 소금을 넣어 중약 불에서 2분간 저어가며 끓인다.
  소금으로 부족한 간을 더한다.
  ▶▶ 우유를 고온에서 끓이면 우유 특유의 비린내가 생기고
  너무 빨리 넣으면 우유의 단백질로 인해 막이 생길 수 있으니 주의해요.

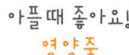
호두 잣죽

두 가지 견과를 같이 사용해 풍부한 맛과 영양이 듬뿍 담긴 호두 잣죽.
부드러운 맛 덕분에 식간이라도 부담 없이 먹을 수 있어요.

하나의 견과류만 선택하기

호두 잣죽은 한 가지 재료만으로도 간편하게 끓일 수 있어요.
호두 또는 잣만 사용할 경우 총 양이 80g이 되도록 해요. 다른 과정은 동일하게 진행해요.

- 멥쌀 3/4컵
  (120g, 불린 후 160g)
- 호두 10알(30g)
- 잣 1/2컵(50g)
- 물 5와 1/2컵(1.1ℓ)
- 설탕 약간(기호에 따라 가감)
- 소금 약간(기호에 따라 가감)

1 볼에 멥쌀, 잠길 만큼의 물을 담아 30분간 불린 후
  체에 밭쳐 물기를 뺀다.

2 약한 불로 달군 팬에 호두, 잣을 넣어
  중약 불에서 3분간 볶은 후 한 김 식힌다.
  ▶▶ 견과류는 볶아 사용하면 특유의 기름 냄새가 사라지고 더 고소해져요.

3 믹서에 쌀, 물 1컵(200㎖)을 넣어 1~2분간 곱게 갈아 냄비에 넣는다.

4 믹서에 ②, 물 1/2컵(100㎖)을 넣어 1~2분간 곱게 갈아 둔다.

5 ③의 냄비에 물 4컵(800㎖)을 넣고 중간 불에서 가장자리에
  기포가 생길 때까지 저어가며 끓인 후 약한 불로 줄여
  계속 저어가며 7분간 끓인다.
  ▶▶ 찹쌀 간 것은 쉽게 눌어붙으니 냄비 바닥을 긁어가며 저어줘요.

6 ④를 넣고 약한 불에서 1분간 저어가며 끓인 후
  불을 끄고 설탕을 넣고 섞는다. 먹기 전에 소금으로 간을 더한다.
  ▶▶ 잣을 넣고 열 조리를 오래 할 경우 잣이 삭아 농도가 묽어져요.
  소금도 먹기 직전에 넣어야 죽이 삭는 것을 막아준답니다.

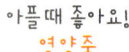

두부 양배추죽

속이 조금 불편하다면 위장에 좋은 순한 맛의 양배추죽은 어떠세요?
두부와 북어를 넣어 양배추 특유의 향을 잡고 부족한 영양을 보충했어요.

두부 콩나물죽으로 만들기

양배추 대신 콩나물 2줌(100g)을 넣어도 좋아요. 콩나물은 4cm 길이로 썰고
과정 ⑤에서 물5컵(1ℓ), 다시마를 넣어 센 불에서 끓어오르면
중약 불로 줄여 중간중간 저어가며 5분, 콩나물을 넣고 5분간 끓여요. 다른 과정은 동일하게 진행해요.

- 찹쌀 1컵(160g, 불린 후 230g)
- 양배추 5장(손바닥 크기,150g)
- 두부 작은 팩 1모(부침용,180g)
- 북어채 1컵(또는 황태채, 20g)
- 다시마 5×5cm 3장
- 물 5컵(또는 멸치 다시마국물
  38쪽 참고,1ℓ)
- 소금 약간(기호에 따라 가감)

북어채 밑간
- 물 4큰술
- 청주(또는 소주) 1큰술
- 국간장 1큰술
- 참기름 1큰술

두부 밑간
- 소금 1/2작은술
- 참기름 1작은술

1 볼에 찹쌀, 잠길 만큼의 물을 담아 30분간 불린 후
체에 밭쳐 물기를 뺀다.

2 북어채는 한입 크기로 자른 후
냄비에 북어채 밑간 재료와 함께 넣고 버무려 10분간 둔다.

3 양배추는 반으로 썰어 2cm 두께로 썬다.
두부는 칼날 옆면으로 으깬다. 손으로 물기를 꼭 짠 후
볼에 두부 밑간 재료와 함께 넣고 섞는다.
　▶ 두부의 씹히는 맛이 좋다면 으깨는 과정을 생략하고,
면포에 넣어 물기만 꼭 짠 후 사용해도 좋아요.

4 ②를 중간 불에 올려 볶는다.
지글지글 소리가 나기 시작하면 2분, 찹쌀을 넣고 2분간 볶는다.

5 양배추, 물 5컵(1ℓ), 다시마를 넣고 센 불에서 끓어오르면
중약 불로 줄여 중간중간 저어가며 8분간 끓인다.

6 다시마를 건져내고 으깬 두부를 넣어 중약 불에서
저어가며 2분간 끓인 후 불을 끈다.
국간장 또는 소금으로 부족한 간을 더한다.

3

4

6

명란 무죽

소화에 탁월한 무, 그 단맛이 강해지는 겨울에 잘 어울리는 죽입니다.
사근사근하게 씹히는 무의 식감이 기분 좋게 느껴지고 톡톡 터지는 명란이 맛에 포인트를 주지요.

오징어젓갈 무죽으로 만들기

명란젓을 오징어젓갈 1/2컵(80g)으로 대체해도 좋아요.
과정 ②를 생략하고 오징어젓갈은 굵게 다져요. 다른 과정은 동일하게 진행해요.

1

2

4

- 멥쌀 1컵(160g, 불린 후 210g)
- 무 지름 10cm, 두께 1cm
  2토막(200g)
- 참기름 1큰술
- 물 6컵(또는 멸치 다시마국물 38쪽
  참고, 1.2ℓ)
- 소금 약간(기호에 따라 가감)

명란 토핑
- 명란젓 1개(60g)
- 쪽파 2줄기
  (또는 대파 푸른 부분 8cm, 16g)
- 참기름 1큰술
- 통깨 1작은술

1 볼에 멥쌀, 잠길 만큼의 물을 담아 30분간 불린 후
　체에 밭쳐 물기를 뺀다. 무는 길이로 2등분한 후
　1cm 두께로 썬다. 쪽파는 송송 썬다.
　▶▶ 무의 크기가 크다면 사방 1cm로 썰어 사용해요.

2 명란젓은 흐르는 물에 양념을 씻은 후 1cm 두께로 썬다.
　작은 볼에 명란 토핑 재료를 넣고 섞는다.

3 달군 냄비에 참기름을 두르고 무를 넣어 중간 불에서 1분,
　쌀을 넣고 1분간 볶는다.

4 물 6컵(1.2ℓ)을 넣고 끓어오르면 중약 불로 줄여
　중간중간 저어가며 17~18분간 끓인다.
　▶▶ 원하는 농도가 되도록 ±2분 정도는 조절해도 좋답니다.

5 그릇에 무죽과 명란 토핑을 나눠 담는다.
　섞어서 맛을 보고 소금으로 부족한 간을 더한다.
　▶▶ 명란 토핑을 죽에 넣어 끓여도 좋아요.

바지락 채소죽

원기회복에 좋은 바지락을 듬뿍 넣어 감칠맛이 살아있는 죽입니다.
바지락은 국물을 낸 후 살을 발라 사용해야 부드러운 식감을 즐길 수 있어요.

모시조개죽으로 만들기

바지락 대신 동량(400g)의 모시조개로 대체해도 좋아요. 다른 조개로 대체할 경우에도
동량으로 대체하면 된답니다. 다른 과정은 동일하게 진행해요.

5

7

⏰ 40분(+ 멥쌀, 찰현미 불리기 30분) / 😊 3~4인분 / 293 kcal

4

- 멥쌀 3/4컵
  (120g, 불린 후 160g)
- 찰현미 4큰술
  (40g, 불린 후 약 53g)
- 해감 바지락 2봉(400g)
- 양파 1/4개(50g)
- 당근 1/10개(20g)
- 애호박 약 1/5개(50g)
- 청주(또는 소주) 1큰술
- 참기름 1작은술 + 1큰술
- 물 7컵(또는 멸치 다시마국물
  38쪽 참고, 1.4ℓ)
- 소금 약간(기호에 따라 가감)

1 볼에 멥쌀, 찰현미, 잠길 만큼의 물을 담아 30분간 불린 후
  체에 밭쳐 물기를 뺀다.

2 바지락은 손질한다(17쪽).
  양파, 당근, 애호박은 사방 0.7cm 크기로 썬다.

3 달군 냄비에 참기름 1작은술을 두르고
  바지락, 청주를 넣어 센 불에서 1분간 볶는다.

4 물 1컵(200㎖)을 넣고 끓어오르면 중약 불로 줄여
  2분간 끓인 후 체에 밭쳐 국물은 따로 둔다.
  바지락은 한 김 식힌 후 살만 발라 둔다.
  ▶ 국물의 양은 1컵(200㎖)이며 부족한 경우 물을 더해요.

5 달군 냄비에 참기름 1큰술을 두르고 양파, 당근을 넣어
  중간 불에서 30초, ①을 넣어 1분 30초간 볶는다.

6 ④의 국물 1컵(200㎖), 물 6컵(1.2ℓ)을 넣고
  센 불에서 끓어오르면 중약 불로 줄여
  중간중간 저어가며 20분간 끓인다.

7 애호박을 넣고 중간 불에서 2분, 바지락살을 넣고
  저어가며 1분간 끓인다. 소금으로 부족한 간을 더한다.
  ▶ 바지락살은 마지막에 넣어야 질기지 않아요.

표고버섯 달걀죽

향이 진하고 특유의 쫄깃한 식감이 일품인 표고버섯에 달걀을 넣어
부드러운 맛을 더했습니다. 남녀노소, 누구나 부담 없이 먹을 수 있는 영양죽이지요.

말린 표고버섯 사용하기

표고버섯은 말린 표고버섯 4개(16g)로 대체해도 좋아요. 볼에 말린 표고버섯, 물 6컵(1.2ℓ)을 넣고
30분간 둔 후 표고버섯은 물기를 꼭 짜고 표고버섯 불린 물은 죽에 사용해요.
과정 ④에서 물 대신 표고버섯 불린 물 6컵(1.2ℓ)을 넣어요. 다른 과정은 동일하게 진행해요.

⏰ 30~35 분(+ 멥쌀 불리기 30분) / ☺ 2~3 인분 / 390 kcal

- 멥쌀 1컵(160g, 불린 후 210g)
- 표고버섯 4개(100g)
- 양파 1/10개(20g)
- 달걀 2개
- 식용유 1큰술
- 참기름 1큰술
- 물 6컵(또는 멸치 다시마국물
  38쪽 참고, 1.2ℓ)
- 국간장 1과 1/2큰술
- 소금 약간(기호에 따라 가감)

3

5

1 볼에 멥쌀, 잠길 만큼의 물을 담아 30분간 불린 후
체에 밭쳐 물기를 뺀다.

2 표고버섯, 양파는 사방 0.5cm 크기로 썬다.
작은 볼에 달걀을 넣고 푼다.

3 달군 냄비에 식용유를 두른 후 표고버섯, 양파를 넣고
중간 불에서 2분간 볶는다.

4 참기름, 쌀을 넣고 중간 불에서 1분 30초간 볶은 후
물 6컵(1.2ℓ), 국간장을 넣어 센 불에서 끓어오르면
중약 불로 줄여 중간중간 저어가며 15분간 끓인다.

5 달걀물을 둘러가며 넣고 섞은 후 중간 불에서 1분간 끓인다.
소금으로 부족한 간을 더한다.

미역 들깨죽

미역과 들깻가루, 최소한의 재료로만 맛을 내 부담 없이 먹을 수 있어요.
들깻가루를 넣으면 농도가 되직해지니 마지막에 넣고 끓이세요.

미역 두부죽으로 만들기

미역과 두부는 영양적으로 함께 섭취하면 좋은 재료랍니다.
두부 작은팩 1모(부침용, 180g)는 칼날 옆면으로 으깬 후 손으로 물기를 꼭 짜요.
과정 ⑤에서 두부를 넣고 1분간 저어가며 끓여요. 다른 과정은 동일하게 진행해요.

3

3-1

5

- 멥쌀 약 2/3컵
  (100g, 불린 후 130g)
- 실미역 1줌
  (5g, 불린 후 1/2컵, 약 50g)
- 들깻가루 3큰술
  (또는 통깨 간 것,
  기호에 따라 가감)
- 물 6컵(또는 멸치 다시마국물
  38쪽 참고, 1.2ℓ)
- 통깨 약간
- 소금 약간(기호에 따라 가감)

밑간
- 국간장 1과 1/2큰술
- 들기름(또는 참기름) 2큰술
- 다진 마늘 1/2작은술

1 볼에 멥쌀, 잠길 만큼의 물을 담아 30분간 불린 후
체에 받쳐 물기를 뺀다.

2 볼에 실미역, 잠길 만큼의 찬물을 담아 10분간 불린 후
바락바락 주물러 거품이 나오지 않을 때까지 씻는다.
손으로 물기를 꼭 짠 후 먹기 좋은 크기로 썬다.
▶▶ 바락바락 씻어야 미역 특유의 점액 성분이 제거돼
더 부드러운 식감으로 즐길 수 있어요.

3 냄비에 미역, 밑간 재료를 넣고 버무린다.
불을 켜고 중간 불에서 지글지글 소리가 나기 시작하면 3분,
쌀을 넣고 2분간 볶는다.
▶▶ 밑간한 미역을 볶을 때 쉽게 튀어오르니 조심해요.

4 물 6컵(1.2ℓ)을 넣고 센 불에서 끓어오르면 중간 불로 줄여
중간중간 저어가며 20분간 끓인다.

5 들깻가루, 통깨를 넣고 중간 불에서 1분간 끓인다.
소금으로 부족한 간을 더한다.
▶▶ 들깻가루를 넣으면 농도가 금세 되직해져요.

숙주 닭죽

숙주를 넣어 신선한 느낌과 아삭한 식감을 살렸어요.
닭다리에서 나온 진한 국물에 다양한 채소를 가득 넣어 영양적으로도 좋아요.

볶음탕용 닭 사용하기

닭다리 대신 닭 볶음탕용(500g)을 사용해도 좋아요. 닭 국물은 살 보다는 뼈 부위에서 진한 맛이
많이 우러나오기 때문에 뼈 있는 부분을 60%, 나머지는 살코기 부분으로 섞어 사용하는 것이 좋지요.

1 볼에 찹쌀, 잠길 만큼의 물을 담아 30분간 불린 후
체에 밭쳐 물기를 뺀다.

2 냄비에 닭다리, 국물 재료를 넣고 센 불에서 끓어오르면
중약 불로 줄여 뚜껑을 덮고 30분간 끓인다.

3 닭다리를 건지고 국물은 체에 밭쳐 따로 덜어둔다.
닭다리는 한 김 식혀 살만 발라낸다.
▶▶ 국물의 양은 6컵(1.2ℓ)이며 부족한 경우 물을 더해요.
젖은 면포를 깐 체에 국물을 거르면 더 깔끔하게 즐길 수 있어요.

4 숙주는 2cm 길이로 썬다.
양파는 사방 0.5cm 크기로 썰고 쪽파는 송송 썬다.
▶▶ 숙주의 양은 1과 1/2줌(75g)까지 늘려도 좋아요.

5 달군 냄비에 참기름을 두른 후 양파를 넣고 중간 불에서 2분,
찹쌀을 넣어 1분간 볶는다. ③의 국물 6컵(1.2ℓ)을 넣고 센 불에서
끓어오르면 중약 불로 줄여 중간중간 저어가며 13분간 끓인다.

6 닭다리살, 쪽파, 숙주, 후춧가루를 넣고 2분간 저어가며 끓인다.
소금으로 부족한 간을 더한다.
▶▶ 숙주는 마지막에 넣어야 아삭한 식감을 느낄 수 있어요.
±1분으로 익힘 정도를 조절해도 좋답니다.

- 찹쌀 3/4컵
  (120g, 불린 후 170g)
- 닭다리 7~8개(500g)
- 숙주 1줌(50g)
- 양파 1/5개(40g)
- 쪽파 2줄기(16g, 생략 가능)
- 참기름 1/2큰술
- 후춧가루 약간
- 소금 약간(기호에 따라 가감)

국물
- 대파(푸른 부분) 15cm 2대
- 마늘 5쪽(25g)
- 청주(또는 소주) 2큰술
- 통후추 10알(생략 가능)
- 물 7컵(1.4ℓ)

3

4

6

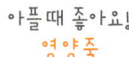

쇠고기 우엉죽

뿌리채소인 우엉을 넣어 더 건강한 느낌이 드는 죽입니다.
쇠고기와 부드러운 찹쌀을 더해 아이들도 좋아할 담백하고 고소한 맛이지요.

다진 쇠고기 대신 등심 사용하기

다진 쇠고기는 등심 150g으로 대체해도 좋아요. 씹는 식감이 좋아
더 든든한 느낌을 주지요. 등심은 한입 크기로 썰고 다른 과정은 동일하게 진행해요.

3

4

5

- 찹쌀 1컵
  (160g, 불린 후 230g)
- 다진 쇠고기 100g
- 우엉 지름 2cm, 길이 10cm,
  4토막(100g)
- 당근 1/5개
  (또는 애호박, 40g)
- 들기름(또는 참기름) 1큰술
- 물 5컵(또는 표고버섯
  다시마국물 38쪽 참고, 1ℓ)
- 다시마 5×5cm 3장
- 통깨 간 것 1큰술
- 소금 약간(기호에 따라 가감)

밑간
- 국간장 2큰술
- 청주(또는 소주) 1큰술
- 설탕 1작은술
- 다진 마늘 1/2작은술
- 후춧가루 약간

1 볼에 찹쌀, 잠길 만큼의 물을 담아 30분간 불린 후
  체에 밭쳐 물기를 뺀다.

2 쇠고기는 키친타월로 감싸 핏물을 없앤 후
  볼에 밑간 재료와 함께 넣고 버무려 10분간 둔다.

3 우엉은 필러로 껍질을 벗긴다.
  우엉, 당근은 사방 0.5cm 크기로 썬다.

4 볼에 물(3컵) + 식초(2작은술), 우엉을 넣고 5분간 둔다.
  체에 밭쳐 흐르는 물에 헹군 후 그대로 물기를 뺀다.
  ▶ 식초물에 담가두면 떫은맛을 없애고
  우엉의 색이 변하는 것을 막을 수 있어요.

5 달군 냄비에 들기름을 두른 후 쇠고기를 넣고 중간 불에서
  2분, 우엉, 당근, 찹쌀을 넣고 중간 불에서 2분간 볶는다.

6 물 5컵(1ℓ), 다시마를 넣고 센 불에서 끓어오르면
  중약 불로 줄여 중간중간 저어가며 10분간 끓인다.

7 다시마를 건져내고 통깨 간 것을 넣어 섞는다.
  소금으로 부족한 간을 더한다.

더 푸짐하게! 양 늘리기의 비밀

조금 더 많은 죽이 필요할 때 유용한 양 늘리기.
밥죽은 1~2인분에서 2~3인분으로, 쌀죽은 2~3인분에서 4~6인분으로 양을 늘리는
방법을 소개합니다. 아래의 공식을 참고, 달라지는 물의 양과 시간을 기억하세요.

밥, 쌀, 부재료는 2배, 물은 1.8배!

[밥죽을 2~3인분으로 늘리기]

밥 2공기   +   물 5컵(1ℓ) ×5
(400g)

▶▶ 밥죽은 센 불에서 끓어오르면 중약 불로 **13~15분**

[쌀죽을 4~6인분으로 늘리기]

멥쌀 2컵   +   물 11컵(2.2ℓ) ×11
(320g, 불린 후 420g)

▶▶ 쌀죽은 센 불에서 끓어오르면 중약 불로 **20분**

▶▶ 양을 늘릴 때는 꼭 넉넉한 크기의 냄비를 사용하세요. 냄비의 여유 공간이 적으면
젓기 어려울 뿐만 아니라 열이 골고루 전달되지 않아 시간이 더 오래 걸려요.

잃어버린 입맛을 찾아서~

별미죽

녹두죽

더운 여름, 입맛이 없을 때는 밥보다는 후루룩 먹기 좋은 죽이 제격이지요.
필수 아미노산이 풍부한 녹두는 해독, 해열작용을 하고 피부 미용에도 효과적인 별미랍니다.

부드러운 녹두죽으로 만들기

믹서에 불린 멥쌀, 물 1/2컵(100㎖)을 넣고 곱게 갈아요.
과정 ④에서 멥쌀 간 것, 물 3컵(600㎖)을 넣고 중간 불에서 가장자리에 기포가 생길 때까지
저어가며 끓인 후 약한 불로 줄여 7분간 저어가며 끓여요. 다른 과정은 동일하게 진행해요.

- 깐 녹두 1컵
  (160g, 불린 후 340g)
- 멥쌀 1/2컵
  (80g, 불린 후 105g)
- 물 9컵(1.8ℓ)
- 소금 약간(기호에 따라 가감)

1 볼에 깐 녹두, 잠길 만큼의 물을 담아 6시간,
  다른 볼에 멥쌀, 잠길 만큼의 물을 담아 30분간 불린 후
  각각 체에 밭쳐 물기를 뺀다.

2 냄비에 불린 녹두, 물 6컵(1.2ℓ)을 넣고 약한 불에서 30분간 삶는다.

3 ②를 한 김 식혀 믹서에 넣고 곱게 간다.

4 냄비에 불린 쌀과 물 3컵(600㎖)을 넣고 센 불에서 끓어오르면
  중약 불로 줄여 중간중간 저어가며 15분간 끓인다.

5 ③을 넣고 끓어오르면 약한 불로 줄여 계속 저어가며
  10분간 끓인다. 소금으로 부족한 간을 더한다.
  ▶▶ 녹두는 바닥에 쉽게 눌어붙기 때문에 계속 저어주는 것이 좋아요.

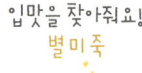

밤 고구마 크림죽

수프처럼 고소한 풍미를 느끼고 싶다면? 크림죽이 제격이랍니다.
달콤한 밤과 고구마에 생크림을 넣어 마치 수프 같은 부드러움을 더했어요.

밤 고구마 타락죽으로 만들기

생크림 대신 동량의 우유나 두유를 넣어 담백하게 만들어도 좋아요.
우유는 생크림보다 진한 맛이 덜하기 때문에 1/2컵(100㎖)까지 넣어요.
이 경우 과정 ⑤에서 원하는 농도가 나올 때까지 2~3분간 더 끓여야 한답니다.

- 멥쌀 1/2컵
  (80g, 불린 후 105g)
- 흑미 2큰술
  (20g, 불린 후 26g)
- 호박고구마 2개
  (또는 단호박 400g)
- 밤 약 10알(껍질 제거한 것,
  또는 고구마 100g)
- 양파 1/2개(100g)
- 식용유 1큰술
- 물 4컵(800㎖)
- 생크림 1/4컵
  (50㎖, 기호에 따라 가감)
- 소금 2작은술
- 후춧가루 약간
  (기호에 따라 가감)

1 볼에 멥쌀, 흑미, 잠길 만큼의 물을 담아 30분간 불린 후
체에 밭쳐 물기를 뺀다.

2 고구마는 껍질을 벗긴 후 사방 2cm 크기로 썰고
밤은 크기에 따라 3~4등분한다. 양파는 사방 0.5cm 크기로 썬다.

3 달군 냄비에 식용유를 두른 후 양파를 넣고 중간 불에서 1분,
①을 넣어 2분간 볶는다.

4 물 4컵(800㎖)을 넣고 센 불에서 끓어오르면 중약 불로 줄여 5분,
고구마, 밤을 넣고 중간중간 저어가며 15분간 끓인다.

5 생크림 1/4컵(50㎖), 소금을 넣고 중약 불에서 2~3분간 더 끓인 후
불을 끄고 후춧가루를 넣어 섞는다.
▶▶ 고구마를 살짝 으깨가며 끓이면 더 달콤해져요.

단호박죽

노란 빛깔의 단호박죽은 입맛 없을 때 가장 먼저 생각나는 별미 중 하나지요.
취향에 따라 팥의 양을 조절하거나 새알심을 만들어 넣어도 좋아요.

쫄깃쫄깃 새알심 만들기

볼에 시판 찹쌀가루 3/4컵(100g), 설탕 1큰술, 소금 1/2작은술, 뜨거운 물 8~9큰술을 넣고
한 덩어리가 되도록 치대요. 손에 참기름 약간을 발라 지름 1.5cm의 둥근 모양을 만들어요.
과정 ⑥에서 죽이 끓어오르면 새알심을 넣어요. 새알심이 떠오르면 다 익은 거랍니다.

- 단호박 1통(1kg)
- 팥 1/2컵
  (70g, 불린 후 약 150g)
- 찹쌀 1/2컵
  (80g, 불린 후 115g)
- 물 6컵(1.2ℓ)
- 설탕 6큰술(또는 꿀,
  기호에 따라 가감)
- 소금 1큰술

1 팥은 불린 후 삶는다(87쪽).
   ▶▶ 팥은 생략 가능해요.

2 볼에 찹쌀, 잠길 만큼의 물을 담아 30분간 불린 후
   체에 밭쳐 물기를 뺀다.

3 단호박은 4등분한 후 숟가락으로 씨를 제거한다. 내열 용기에 단호박을
   담고 뚜껑을 덮어 전자레인지(700W)에 넣어 10~12분간 젓가락으로
   찔렀을 때 쉽게 들어갈 때까지 익힌 후 한 김 식힌다.

4 단호박을 숟가락으로 발라낸 후
   믹서에 물 5컵(1ℓ)과 함께 넣어 1~2분간 곱게 갈아 냄비에 넣는다.

5 믹서에 찹쌀, 물 1컵(200㎖)을 넣고 1분간 곱게 간 후
   ④의 냄비에 넣는다.

6 냄비를 센 불에 올려 가장자리에 기포가 생길 때까지 저어가며 끓인 후
   중간 불로 줄여 10분, 설탕, 소금, ①의 팥을 넣고 5분간 더 끓인다.
   ▶▶ 단호박의 당도에 따라 설탕의 양을 조절하는 게 좋아요.
   맛을 보고 설탕을 가감해요.

통단팥죽

동지의 별미, 팥죽. 오늘은 통팥이 살아 있는 달콤한 단팥죽 한 그릇 어떠세요?
뜨겁게 먹는 것도 좋지만 차갑게 식혀 먹어도 또 다른 별미가 된답니다.

든든한 쌀 팥죽으로 만들기

과정 ③에서 팥을 덜어 두지 않고 모두 삶아요. 팥 간 것, 물 2컵(400㎖), 불린 멥쌀 3/4컵(160g)을 넣고
센 불에서 끓어오르면 중약 불로 줄여 중간중간 저어가며 25분간 끓여요. 다른 과정은 동일하게 진행해요.

- 팥 1과 1/2컵
  (225g, 불린 후 약 450g)
- 찹쌀 2큰술(20g, 불린 후 30g)
- 물 7과 1/2컵(1.5ℓ)
- 소금 1작은술
  (기호에 따라 가감)
- 설탕 약간
  (기호에 따라 가감)

1 볼에 팥, 잠길 만큼의 물을 담아 8시간 동안 불린다.
다른 볼에 찹쌀, 잠길 만큼의 물을 담아 30분간 불린 후
체에 밭쳐 물기를 뺀다.

2 깊고 큰 냄비에 팥, 잠길 만큼의 물을 넣고 센 불에서 끓어오르면
1분간 데친 후 체에 밭쳐 물기를 뺀다.
🍃 팥을 한 번 데쳐야 특유의 아린 맛이 없어요.

3 냄비에 팥, 물 7컵(1.4ℓ)을 넣고 센 불에서 끓어오르면 뚜껑을 덮고
중약 불로 줄여 20분간 삶은 후 팥 1컵을 따로 둔다.
🍃 이때, 덜어둔 팥이 딱딱하다면
과정 ⑤에서 팥을 넣고 끓여야 부드럽게 익어요.

4 뚜껑을 덮고 중약 불에서 10분간 더 삶은 후 한 김 식힌다.
푸드프로세서에 넣어 1분간 곱게 갈아 냄비에 다시 옮겨 담는다.
🍃 손으로 팥알을 눌렀을 때 쉽게 으스러질 때까지 익혀요.

5 푸드프로세서에 찹쌀, 물 1/2컵(100㎖)을 넣고 곱게 갈아
냄비에 넣고 센 불에서 냄비 가장자리에 기포가 올라올 때까지
저어가며 끓인 후 중간 불로 줄여 5분간 끓인다.

6 ③의 팥 1컵을 넣고 중간 불에서 5분간 저어가며 끓인다.
소금을 넣고 섞은 후 기호에 따라 소금, 설탕을 더 넣는다.
🍃 소금, 설탕을 먹기 직전에 넣어야 죽이 삭는 것을 막아준답니다.
곶감, 잣, 호두 등을 토핑으로 올려도 좋아요.

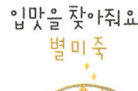
대추죽

가벼운 식감이라 식전에 내기에 좋은 죽입니다.
대추가 주는 은은한 풍미와 기분 좋은 달콤함을 느껴보세요.

대추꽃 고명 만들기

대추를 돌돌 말아 만든 대추꽃은 각종 곡물죽의 고명으로 좋답니다. 말린 대추에 세로로 칼집을 넣어
돌려 깎은 후 씨를 제거해요. 남은 과육을 힘을 주어 돌돌 만 후 썰면 쉽게 만들 수 있어요.

1 볼에 찹쌀, 잠길 만큼의 물을 담아 30분간 불린 후
  체에 밭쳐 물기를 뺀다.

2 믹서에 ①의 찹쌀, 물 1컵(200㎖)을 넣고 1분간
  곱게 갈아 냄비에 넣는다.

3 믹서를 헹군 후 돌려 깎아 씨를 발라낸 대추,
  물 1과 1/2컵(300㎖)을 넣고 곱게 간다.

4 ②의 냄비에 물 3과 1/2컵(700㎖)을 넣고 중간 불에서
  가장자리에 기포가 올라올 때까지 저어가며 끓인 후
  약한 불로 줄여 계속 저어가며 7분간 끓인다.

5 대추 간 것을 넣고 약한 불에서 5분간
  저어가며 끓인 후 소금, 꿀을 넣어 섞는다.

- 찹쌀 1컵(160g, 불린 후 230g)
- 물 6컵(1.2ℓ)
- 말린 대추 2컵(약 35개, 100g)
- 소금 1작은술(기호에 따라 가감)
- 꿀 3큰술(기호에 따라 가감)

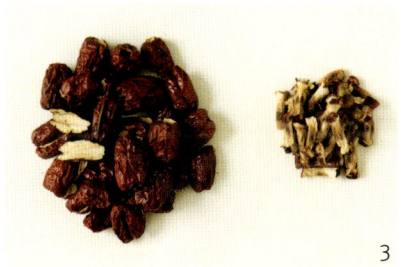

3

1

5

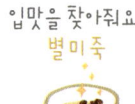
냉이 현미죽

향으로 치명적인 존재감을 자랑하는 냉이. 여기에 현미와 된장의 고소한 풍미를 더해
냉이의 맛과 향을 한 층 더 끌어올렸습니다. 나른한 봄, 입맛이 없을 때 끓여보세요.

현미밥으로 끓이기

재료의 현미 1컵을 현미밥 2공기(400g)으로 대체하고 멸치 다시마국물의 양을 5컵(1ℓ)으로 줄여요.
과정 ⑤에서 뚜껑을 덮지 않고 끓이는 시간을 13분으로 줄여요. 다른 과정은 동일하게 진행해요.

- 현미 1컵(또는 찰현미,
  160g, 불린 후 210g)
- 냉이 5줌(100g)
- 양파 1/4개(50g)
- 들기름 1큰술
- 멸치 다시마국물 7컵(38쪽
  참고, 1.4ℓ)
- 된장 1과 1/2큰술
  (집 된장의 경우 1큰술)
- 국간장 1/2큰술
- 소금 약간(기호에 따라 가감)

1 볼에 현미, 잠길 만큼의 물을 담아 6시간 동안 불린 후
  체에 밭쳐 물기를 뺀다.

2 냉이는 시든 잎을 떼어내고 칼로 잔뿌리를 긁어낸 후 볼에 잠길 만큼의
  물을 담아 살살 흔들어 씻은 후 체에 밭쳐 물기를 뺀다.

3 양파는 사방 0.5cm 크기로 썰고, 냉이는 1cm 두께로 썬다.

4 달군 냄비에 들기름을 두르고 양파를 넣어 중간 불에서 1분,
  현미를 넣고 1분간 볶는다.

5 멸치 다시마국물 7컵(1.4ℓ), 된장, 국간장을 넣고 센 불에서
  끓어오르면 중약 불로 줄여 뚜껑을 덮어 50분간 끓인다.
  ▶▶ 고운 체(또는 국자)에 된장을 넣어
  숟가락으로 국물을 조금씩 더해가며 풀어야 덩어리지지 않아요.
  찰현미를 사용할 경우 끓이는 시간을 35분으로 줄여요.

6 냉이를 넣고 저어가며 2분간 끓인 후 불을 끈다.
  소금으로 부족한 간을 더한다.
  ▶▶ 냉이를 빨리 넣으면 향이 없어지고 색이 검게 변하니 주의해요.

입맛을 찾아줘요!
별미죽

미나리 조개죽

파릇파릇한 미나리의 향과 바지락살의 쫄깃함이 식욕을 자극해요.
조개가 들어간 죽은 간이 셀 수 있으니 꼭 마지막에 기호에 따라 간을 더해주세요.

봄나물 조개죽으로 만들기

미나리 대신 참나물 1/2줌(35g), 세발나물 1과 1/2줌(30g)을 넣어도 좋아요.
참나물, 세발나물은 먹기 좋은 크기로 썰어요. 다른 과정은 동일하게 진행해요.

- 멥쌀 1컵
  (160g, 불린 후 210g)
- 해감 바지락 2봉지(400g)
- 미나리 1/2줌(또는 참나물
  약 1/2줌, 35g)
- 양파 1/5개(40g)
- 당근 1/10개(20g)
- 청주(또는 소주) 1큰술
- 참기름 1작은술 + 1/2큰술
- 다진 마늘 1작은술
- 물 6컵(1.2ℓ)
- 국간장 1/2큰술
- 소금 약간(기호에 따라 가감)

4

7

1 볼에 멥쌀, 잠길 만큼의 물을 담아 30분간 불린 후
체에 밭쳐 물기를 뺀다. 바지락은 손질한다(17쪽).

2 달군 냄비에 참기름 1작은술을 두른 후
바지락, 청주를 넣어 센 불에서 1분간 볶는다.

3 물 1컵(200㎖)을 넣고 센 불에서 끓어오르면
중약 불로 줄여 2분간 끓인 후 체에 밭쳐 국물은 따로 둔다.
바지락은 한 김 식힌 후 살만 발라 둔다.
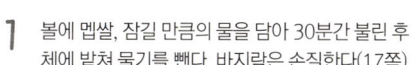 ▶▶ 완성된 국물의 양은 1컵(200㎖)이며 부족할 경우 물을 더해요.

4 양파와 당근은 사방 0.5cm 크기로 썰고 미나리는 2cm 길이로 썬다.
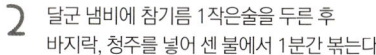 ▶▶ 미나리의 양을 50g까지 늘리면 더 진한 미나리 향을 느낄 수 있어요.

5 달군 냄비에 참기름 1/2큰술을 두른 후 다진 마늘, 양파, 당근을 넣어
중간 불에서 1분, 쌀을 넣고 1분간 볶는다.

6 ③의 국물 1컵(200㎖), 물 5컵(1ℓ), 국간장을 넣고 센 불에서
끓어오르면 중약 불로 줄여 중간중간 저어가며 15분간 끓인다.

7 불을 끄고 바지락살, 미나리를 넣어 섞는다.
소금으로 부족한 간을 더한다.
▶▶ 미나리는 일찍 넣으면 질겨지니 꼭 불을 끄고 여열로 익혀요.

새우 배추죽

부드러운 생새우살이 달콤한 배추를 만나 시원한 맛과 기분 좋은 식감을 주지요.
생새우살 대신 냉동 새우살을 사용할 때에는 완전히 해동한 후에 사용하세요.

쇠고기 배추죽으로 만들기

생새우살은 다진 쇠고기(100g)로 대체해요(77쪽 쇠고기 우엉죽 밑간 및 과정 ② 참고). 과정 ④에서
대파 흰 부분, 밑간한 쇠고기를 넣고 2분, 멥쌀을 넣고 2분간 더 볶아요. 다른 과정은 동일하게 진행해요.

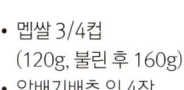

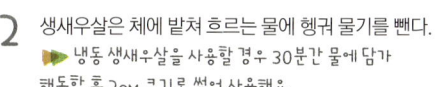

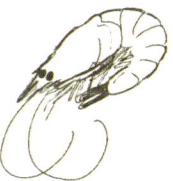

- 멥쌀 3/4컵
  (120g, 불린 후 160g)
- 알배기배추 잎 4장
  (손바닥 크기, 120g)
- 생새우살 150g
- 대파(흰 부분) 15cm
- 대파(푸른 부분) 10cm
- 달걀 1개
- 다시마 5×5cm 3장
- 물 6컵(1.2ℓ)
- 참기름 1/2큰술
- 새우젓 국물 1과 1/2큰술
- 후춧가루 약간
- 소금 약간
  (기호에 따라 가감)

1 볼에 멥쌀, 잠길 만큼의 물을 담아 30분간 불린 후
  체에 밭쳐 물기를 뺀다.

2 생새우살은 체에 밭쳐 흐르는 물에 헹궈 물기를 뺀다.
  🦐 냉동 생새우살을 사용할 경우 30분간 물에 담가
  해동한 후 2cm 크기로 썰어 사용해요.

3 알배기배추 잎은 2cm 두께로 썰어 줄기와 잎 부분을 따로 둔다.
  대파는 송송 썰고 볼에 달걀을 넣어 푼다.

4 달군 냄비에 참기름을 두른 후 대파 흰 부분, 멥쌀을 넣어
  중간 불에서 2분간 볶는다.

5 다시마, 물 6컵(1.2ℓ), 새우젓 국물을 넣고 센 불에서 끓어오르면
  중약 불로 줄여 15분간 중간중간 저어가며 끓인 후 다시마를 건진다.
  🦐 새우젓을 넣으면 특유의 감칠맛이 더해져요.

6 알배기배추 잎, 생새우살, 대파 푸른 부분을 넣어 중약 불에서 3분간
  끓인다. 달걀을 둘러가며 넣고 저어가며 1분간 끓인 후 불을 끈다.
  후춧가루를 넣어 섞고 소금으로 부족한 간을 더한다.

콩나물 낙지죽

죽은 씹을 게 없어서 싫다? 그렇다면 쫄깃하게 씹히는 식감과 색다른 맛을 충족해주는
콩나물 낙지죽을 끓여보세요. 얼큰 칼칼한 맛이 일품이라 남자들이 특히 좋아한답니다.

맑은 콩나물 낙지죽으로 만들기

맵지 않게 만들어 아이와 함께 먹어도 좋아요. 재료에서 청양고추, 고추장을 생략해요.
김치는 속을 털어낸 후 흐르는 물에 씻어 물기를 꼭 짠 후 사용해요. 다른 과정은 동일하게 진행해요.

- 멥쌀 1컵(160g, 불린 후 210g)
- 낙지 1마리(140g)
- 콩나물 2줌(100g)
- 익은 배추김치 2/3컵(100g)
- 대파 15cm
- 청양고추 1개
- 참기름 1큰술 + 1/2큰술
- 액젓(멸치 또는 까나리) 1큰술
- 고추장 1과 1/2큰술
- 국간장 1작은술
- 후춧가루 약간
- 소금 약간(기호에 따라 가감)
- 낙지 데친 물 5컵(1ℓ)
- 물 1컵(200㎖)

낙지 데칠 물
- 청주(또는 소주) 2큰술
- 다진 마늘 1작은술
- 물 5컵(1ℓ)

3

7

1 볼에 멥쌀, 잠길 만큼의 물을 담아 30분간 불린 후
체에 밭쳐 물기를 뺀다.

2 콩나물은 3cm 길이로 썬다. 대파, 청양고추는 어슷 썬다.
김치는 속을 털어 내고 1cm 두께로 썬다.

3 냄비에 낙지 데칠 물 재료를 넣고 끓인다. 낙지는 손질한 후(14쪽)
머리는 3~4등분하고, 다리는 3cm 길이로 썬다.

4 끓는 물에 낙지를 넣어 1분간 데친 후 체에 밭쳐 둔다.
이때, 낙지 데친 물 5컵(1ℓ)은 따로 둔다.

5 달군 냄비에 참기름 1큰술을 두르고 김치를 넣어
중약 불에서 3분, 쌀을 넣고 1분간 볶는다.

6 낙지 데친 물 5컵(1ℓ), 물 1컵(200㎖),
액젓, 고추장, 국간장을 넣고 센 불로 올려 끓어오르면
중간 불로 줄여 중간중간 저어가며 10분간 끓인다.

7 콩나물을 넣고 5분, 낙지, 대파, 청양고추를 넣고 2분간 끓인다.
참기름 1/2큰술, 후춧가루를 넣어 섞는다.
소금으로 부족한 간을 더한다.

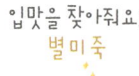

홍합 미역죽

홍합으로 국물을 내 특유의 시원한 감칠맛을 주는 홍합죽입니다.
부드러운 홍합살과 미역이 잘 어우러져 여자들이 특히 더 좋아하지요.

조개 미역죽으로 만들기

홍합 대신 동량(600g)의 해감 바지락 또는 해감 모시조개를 사용해도 좋아요.
다른 과정은 동일하게 진행해요. 건홍합의 경우 비린 맛과 향이 강해 추천하지 않아요.

- 멥쌀 1컵
  (160g, 불린 후 210g)
- 홍합 약 30개(600g)
- 실미역 약 1/2줌(3g)
- 청주 1큰술
- 물 6컵(1.2ℓ)
- 참기름 1큰술
- 국간장 1/2큰술
- 다진 마늘 1작은술
- 소금 약간(기호에 따라 가감)

2

3

6

1 멥쌀은 잠길 만큼의 물과 함께 볼에 담아 30분간 불려
  체에 밭쳐 물기를 뺀다. 홍합은 손질한다(18쪽).

2 볼에 실미역, 잠길 만큼의 찬물을 담아 10분간 불린 후
  바락바락 주물러 거품이 나오지 않을 때까지 씻는다.
  손으로 물기를 꼭 짠 후 먹기 좋은 크기로 썬다.
  ▶▶ 바락바락 씻어야 미역 특유의 점액 성분이 제거돼
  더 부드러운 식감으로 즐길 수 있어요.

3 냄비에 홍합, 청주, 물 6컵(1.2ℓ)을 넣고 센 불에서 끓어오르면
  중약 불로 줄여 2분간 저어가며 끓인다. 체에 걸러 국물과 홍합을
  따로 둔다. 홍합은 한 김 식힌 후 살만 발라 둔다.
  ▶▶ 국물의 양은 6컵(1.2ℓ)이며 부족할 경우 물을 더해요.

4 달군 냄비에 참기름을 두른 후 미역, 국간장, 다진 마늘을 넣어
  중간 불에서 2분, 쌀을 넣어 2분간 볶는다.

5 ③의 국물 6컵(1.2ℓ)을 넣고 센 불에서 끓어오르면
  중약 불로 줄여 중간중간 저어가며 15분간 끓인다.

6 ③의 발라둔 홍합살을 넣어 1분간 저어가며 끓인 후 불을 끈다.
  소금으로 부족한 간을 더한다.

짬뽕죽

매콤한 짬뽕 한 그릇이 생각난다면, 짬뽕죽을 끓여보세요.
면보다 소화가 잘되고 얼큰하고 개운한 맛은 그대로랍니다.

해산물 다양하게 사용하기

홍합 대신 동량(200g)의 해감 바지락, 해감 모시조개를 사용해도 좋아요.
오징어 대신 동량의 굴, 새우를 사용해도 좋지요.
단, 해산물의 총 사용양이 470g이 넘지 않아야 죽과 잘 어우러진답니다.

⏱ 40~50분 (+ 멥쌀 불리기 30분) / 😊 2~3인분 / 433kcal

- 멥쌀 1컵
  (160g, 불린 후 210g)
- 홍합 약 10개(200g)
- 오징어 1마리(270g)
- 양파 1/4개(50g)
- 알배기배추 잎 4장
  (손바닥 크기, 120g)
- 애호박 1/9개(30g)
- 대파(흰 부분) 10cm
- 청양고추 1개
- 고추기름 2큰술
- 다진 마늘 1큰술
- 고춧가루 2큰술
- 물 4와 1/2컵(900㎖)

양념
- 멸치 액젓 1큰술
- 국간장 1/2큰술
- 굴소스 1큰술

2

4

1 볼에 멥쌀, 잠길 만큼의 물을 담아 30분간 불린 후
  체에 밭쳐 물기를 뺀다. 작은 볼에 양념 재료를 넣어 섞는다.

2 홍합은 손질한다(18쪽). 오징어는 손질한 후(15쪽) 몸통은 길이로
  2등분한 후 1cm 크기로 썰고 다리는 5cm 길이로 썬다.

3 양파는 0.5cm 두께로 썬다. 애호박은 0.5cm 두께의 반달 모양으로 썬다.
  알배기배추 잎은 2cm 두께로 썰어 줄기와 잎을 따로 둔다.
  대파, 청양고추는 어슷 썬다.

4 달군 냄비에 고추기름을 두른 후 대파, 다진 마늘을 넣어
  중간 불에서 1분, 쌀, 고춧가루를 넣어 1분간 더 볶는다.

5 물 4와 1/2컵(900㎖), ①의 양념을 넣어 센 불에서 끓어오르면
  중약 불로 줄여 중간중간 저어가며 10분간 끓인다.

6 배추 줄기, 홍합을 넣고 중간 불에서 저어가며 5분간 끓인 후
  오징어, 알배기배추 잎, 애호박, 청양고추를 넣고 5분간 끓인다.

치킨 카레죽

카레를 색다른 느낌으로 즐길 수 있는 죽입니다. 닭가슴살을 넣어
한 끼 식사로도 부족함이 없지요. 채소를 다양하게 사용할 수 있어 더욱 좋아요.

매운 카레죽으로 즐기기

사용하는 카레의 종류에 따라 매운 정도를 조절할 수 있어요. 부추 대신 송송 썬 청양고추 1개분을 넣거나
재료에서 식용유 대신 동량의 고추기름을 사용해도 좋답니다. 다른 과정은 동일하게 진행해요.

- 멥쌀 1컵
  (160g, 불린 후 210g)
- 닭가슴살 1쪽(또는
  닭안심 4쪽, 100g)
- 양파 1/4개(50g)
- 감자 1/4개(50g)
- 당근 1/10개(20g)
- 부추 약간(또는 쪽파,
  청양고추, 생략 가능)
- 식용유 1큰술
- 물 3컵(600㎖)
- 후춧가루 약간
- 소금 약간(기호에 따라 가감)

닭 가슴살 삶을 물
- 대파(푸른 부분) 20cm
- 마늘 2톨(10g)
- 물 3과 1/2컵(700㎖)

양념
- 카레가루 3큰술
- 물 2큰술
- 국간장 1/2큰술
- 고춧가루 1작은술
  (기호에 따라 가감 또는 생략)

1 볼에 멥쌀, 잠길 만큼의 물을 담아 30분간 불린 후
  체에 밭쳐 물기를 뺀다.

2 냄비에 닭가슴살, 닭가슴살 삶을 물 재료를 넣고
  센 불에서 끓어오르면 중간 불로 줄여 10분간 삶는다.

3 체에 걸러 국물과 닭가슴살을 따로 둔다.
  닭가슴살은 한 김 식힌 후 결대로 찢는다.
  ▶▶ 국물의 양은 3컵(600㎖)이며 부족할 경우 물을 더해요.

4 양파, 감자, 당근은 사방 0.7cm 크기로 썰고, 부추는 송송 썬다.
  볼에 양념 재료를 넣어 완전히 섞는다.

5 달군 냄비에 식용유를 두른 후 양파, 감자, 당근을 넣어
  중간 불에서 1분, 쌀을 넣어 1분 30초간 더 볶는다.

6 ③의 국물 3컵(600㎖), 물 3컵(600㎖)을 넣고 센 불에서 끓어오르면
  중약 불로 줄여 15분간 중간중간 저어가며 끓인다.

7 ④의 양념, ③의 닭가슴살을 넣고 중약 불에서 2분간 저어가며 끓인 후
  불을 끄고 후춧가루를 넣어 섞는다. 소금으로 부족한 간을 더한다.

옥수수 브로콜리죽

옥수수 알갱이가 입안에서 톡톡 터지는 재미와 치즈의 고소한 맛을
동시에 느낄 수 있는 죽이랍니다. 쌀을 갈아서 끓이면 옥수수의 식감을 더 잘 느낄 수 있어요.

쌀을 갈아 부드럽게 즐기기

찹쌀을 3/4컵(120g, 불린 후 160g)으로 줄여요. 믹서에 불린 찹쌀, 물 1컵(200㎖)을 넣고
1분간 곱게 갈아요. 과정 ⑤에서 볶는 과정을 생략하고, 냄비에 곱게 간 찹쌀, 물 4컵(800㎖)을 넣어
중간 불에서 기포가 생길 때까지 저어가며 끓인 후 약한 불로 줄여 7분간 더 끓여요.

1 볼에 찹쌀, 잠길 만큼의 물을 담아 30분간 불린 후
체에 밭쳐 물기를 뺀다.

2 브로콜리는 사방 2cm 크기로, 양파는 사방 0.5cm 크기로 썬다.

3 옥수수는 체에 밭쳐 흐르는 물에 헹궈 물기를 뺀 후
옥수수 1/2컵은 따로 둔다. 푸드프로세서에 나머지 옥수수,
물 1/2컵(100㎖)을 넣고 곱게 갈아 옥수수물을 만든다.
🔺 옥수수가 씹히는 식감이 싫다면 모두 갈아도 좋아요.

4 달군 냄비에 버터를 넣어 녹인 후 브로콜리, 양파를 넣고
중약 불에서 2분간 볶는다.

5 찹쌀을 넣고 중간 불에서 1분간 볶은 후
물 3과 1/2컵(700㎖)을 넣고 끓어오르면
중약 불로 줄여 8분간 중간중간 저어가며 끓인다.

6 옥수수물, 옥수수 1/2컵, 슬라이스 치즈, 설탕, 소금을 넣고
중간 불에서 2분간 저어가며 끓인다.
소금으로 부족한 간을 더한다.

• 찹쌀 1컵(160g, 불린 후 230g)
• 통조림 옥수수 1캔(320g)
• 브로콜리 1/3개(또는
  컬리플라워, 100g)
• 양파 1/4개(50g)
• 슬라이스 치즈 1장
  (기호에 따라 가감)
• 버터 1큰술(10g)
• 물 4컵(800㎖)
• 설탕 1큰술
• 소금 1작은술
  (기호에 따라 가감)

3

4

6

나중에 먹어도 맛있어! 보관의 비밀

냉장

죽을 완전히 식힌 후 한 번 먹을 분량씩
내열용기 또는 위생팩에 넣어 냉장(2~3일).

데우기

내열용기에 옮겨 담아 생수 2~3큰술을 넣고 골고루 섞은 후
전자레인지(700W)에서 3~5분간 돌리거나,
냄비에 옮겨 담고 죽이 자작하게 잠길 만큼의 물을 넣고
센 불에서 끓어오르면 중약 불로 줄여 원하는 농도가 될 때까지 끓여요.

냉동

죽을 완전히 식힌 후 한 번 먹을 분량씩
위생팩에 넣어 평평하게 편 다음 냉동(7일).

데우기

자연 해동한 후 냄비에 옮겨 담고 죽이 자작하게 잠길 만큼의 물을 넣고
센 불에서 끓어오르면 중약 불로 줄여 원하는 농도가 될 때까지 끓여요.

▶▶ 꽁꽁 언 죽을 바로 냄비에 넣고 데우면
죽을 녹이기 위한 물이 많이 필요해요.
이렇게 되면 죽의 맛과 간이 약해지니 자연 해동이 어렵다면
전자레인지(700W)에서 2~3분간 해동한 후 데우는 게 좋아요.

기운 없을 때 활력을 줘요!

보양죽

퀴노아 사골죽

보양식은 무겁다고 생각하는 당신을 위한 가벼운 보양죽입니다. 송송 썬 대파를 듬뿍 얹어 먹는 것이
마치 설렁탕 같기도 하지요. 퀴노아는 물을 많이 흡수하니 국물의 양을 넉넉히 잡아요.

현미 사골죽으로 만들기

퀴노아를 찰현미 또는 현미 1/2컵(80g)으로 대체해요. 과정 ③에서 사골 국물 7컵(1.4ℓ)을 넣고
센 불에서 끓어오르면 찰현미는 중약 불로 줄여 뚜껑을 덮고 40분, 현미는 50분간 끓여요.
과정 ④는 생략하고 다른 과정은 동일하게 진행해요.

- 찰현미 1/2컵
  (80g, 불린 후 105g)
- 퀴노아 3/4컵(약 108g)
- 대파 20cm(기호에 따라 가감)
- 사골 국물 7컵(1.4ℓ)
- 참기름 1작은술
- 후춧가루 약간
- 소금 약간(기호에 따라 가감)

1 볼에 찰현미, 잠길 만큼의 물을 담아 3시간 이상 불린 후
  체에 밭쳐 물기를 뺀다. 대파는 송송 썬다.

2 달군 냄비에 참기름을 두른 후 찰현미를 넣어 1분 30초간 볶는다.

3 사골 국물 4컵(800㎖)을 넣어 센 불에서 끓어오르면
  중약 불로 줄여 뚜껑을 덮어 30분간 끓인다.
  ▶▶ 찰현미는 뚜껑을 덮고 끓여야 더 잘 퍼져요.

4 퀴노아, 사골 국물 3컵(600㎖)을 넣고 센 불에서 끓어오르면
  중약 불로 줄여 10분간 끓인다.
  ▶▶ 퀴노아는 다른 곡물에 비해 물을 흡수하는 성질이 강해요.
  때문에 국물의 양을 넉넉하게 잡아 완성된 국물의 양이
  다른 죽에 비해 많은 편이랍니다.

5 후춧가루, 소금을 넣어 섞은 후 먹기 전에 대파를 올려 섞는다.

삼계죽

닭을 푹 고아 만든 닭국물에 찹쌀을 듬뿍 넣은 삼계죽입니다.
기력이 부족할 때 진하게 끓여낸 삼계죽 한 그릇이면, 금세 기운이 솟아나지요.

갖은 토핑으로 더 맛있고 건강하게 먹기

껍질 벗긴 은행, 대추, 밤을 고명으로 올려도 좋아요.
대추, 밤은 과정 ⑤에서 국물과 함께 넣어 끓여요. 껍질 벗긴 은행은 불을 끄고 마지막에 올려요.

1 볼에 찹쌀, 잠길 만큼의 물을 담아 30분간 불린 후
체에 밭쳐 물기를 뺀다.

2 냄비에 닭다리, 삼계탕용 재료, 물 7컵(1.4ℓ)을 넣고
센 불에서 끓어오르면 중약 불로 줄여 뚜껑을 덮고 30분간 끓인다.
▶ 추가로 인삼, 수삼을 넣을 경우 삼계탕용 재료와 함께 넣고 끓여요.

3 닭다리를 건져낸 후 체에 밭쳐 국물은 따로 둔다.
닭다리는 한 김 식힌 후 살만 발라 둔다.
▶ 완성된 국물의 양은 6컵(1.2ℓ)이며 부족한 경우 물을 더해요.
젖은 면포를 깐 체에 국물을 거르면 더 깔끔하게 즐길 수 있어요.

4 달군 냄비에 참기름을 두른 후 찹쌀을 넣어 2분간 볶는다.

5 ③의 국물 6컵(1.2ℓ)을 넣고 센 불에서 끓어오르면
중약 불로 줄여 중간중간 저어가며 10분간 끓인다.

6 닭다리살을 넣고 3분간 끓인다. 후춧가루를 넣어 섞고
소금으로 부족한 간을 더한다.

• 찹쌀 1컵
  (160g, 불린 후 230g)
• 닭다리 8개(500g)
• 삼계탕용 재료 1봉지
• 물 7컵(1.4ℓ)
• 참기름 1/2큰술
• 후춧가루 약간
• 소금 약간(기호에 따라 가감)

2

4

6

버섯 전복죽

전복죽은 영양이 듬뿍 들어간 보양죽의 대명사이기도 하지요.
진한 맛을 내는 내장을 아낌없이 넣고, 새송이버섯을 더해 식감과 감칠맛도 살렸어요.

기본 전복죽 만들기

대파를 제외한 모든 채소를 생략해요. 전복의 양을 두 배로 늘리고
다른 과정은 동일하게 진행해요. 대파는 향신채로 전복의 비린내를 잡아준답니다.

- 멥쌀 2/3컵
  (100g, 불린 후 140g)
- 전복 4마리
  (약 200g, 손질한 후 120g)
- 새송이버섯 1개
  (또는 표고버섯 3개, 80g)
- 당근 1/10개
  (또는 다른 채소, 20g)
- 대파(흰 부분) 10cm
- 참기름 1큰술
- 청주(또는 소주) 1큰술
- 물 4컵(또는 표고버섯
  다시마국물 38쪽 참고, 800㎖)
- 소금 약간(기호에 따라 가감)

1 볼에 멥쌀, 잠길 만큼의 물을 담아 30분간 불린 후
  체에 밭쳐 물기를 뺀다.

2 새송이버섯은 사방 0.5cm 크기로 썬다.
  당근, 대파는 잘게 다진다.

3 전복은 손질한다(16쪽). 전복의 평평한 부분이
  도마에 닿도록 올린 후 0.3cm 두께로 얇게 썬다.

4 작은 볼에 전복 내장을 담아 가위로 잘게 자른다.
  ▶ 전복 내장이 싫다면 이 과정을 생략해도 좋아요.

5 달군 냄비에 참기름을 두르고 전복 내장, 대파, 청주를 넣어
  중간 불에서 1분, 쌀, 새송이버섯, 당근을 넣고 2분간 볶는다.

6 물 4컵(800㎖)을 넣고 센 불에서 끓어오르면 중약 불로 줄여
  중간중간 저어가며 15분, 전복을 넣어 2분간 끓인다.
  소금으로 부족한 간을 더한다.

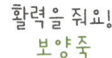

시금치 굴죽

바다의 우유라고 불리는 굴에 시금치를 더해 부드러운 식감과 영양 궁합을 맞췄습니다.
굴과 시금치가 제철인 겨울에 가장 잘 어울리는 보양죽이지요.

부추 굴죽으로 만들기

시금치 대신 부추를 사용하면 데치는 과정 없이 간편하게 만들 수 있어요.
시금치를 부추 1줌(50g)으로 대체하고 과정 ②, ③를 생략해요.
부추를 3cm 길이로 썰고, 과정 ⑥에서 넣고 끓여요. 다른 과정은 동일하게 진행해요.

- 멥쌀 1컵
  (160g, 불린 후 210g)
- 시금치 1줌(50g)
- 굴 3/4컵(150g)
- 참기름 1큰술
- 멸치 다시마국물 6컵
  (38쪽 참고, 1.2ℓ)
- 다시마 5×5cm 3장
- 다진 파 1큰술
- 다진 마늘 1/2작은술
- 소금 1/2작은술
  (기호에 따라 가감)

2

3

1 볼에 멥쌀, 잠길 만큼의 물을 담아 30분간 불린 후
   체에 밭쳐 물기를 뺀다.

2 시금치 데칠 물(4컵) + 소금 (1작은술)을 끓인다.
   시금치는 2cm 길이로 썰고, 굴은 손질한다(18쪽).

3 ②의 끓는 물에 시금치를 넣고 중간 불에서
   30초간 데친 후 찬물에 헹궈 물기를 꼭 짠다.

4 달군 냄비에 참기름을 두르고 쌀을 넣어
   중간 불에서 1분 30초간 볶는다.

5 멸치 다시마국물 6컵(1.2ℓ), 다시마를 넣고 센 불에서 끓어오르면
   중약 불로 줄여 10분, 다시마를 건져내고 5분간 끓인다.

6 시금치, 굴, 다진 파, 다진 마늘, 소금을 넣고 중간 불에서 5분간 끓인다.
   소금으로 부족한 간을 더한다.

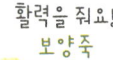

쇠고기 마늘죽

보양 채소로 알려진 마늘과 쇠고기를 넣어 끓인 건강죽입니다.
마늘을 푹 익혀 매운맛을 없애고 담백하게 끓여 아이들도 잘 먹을 수 있어요.

마늘칩 고명 만들기

마늘칩을 만들어 고명으로 올려도 좋답니다. 마늘 5쪽(25g)은 얇게 편 썰어요.
달군 팬에 식용유 3큰술을 두른 후 마늘을 넣어 중약 불에서 3분~3분 30초간
노릇하게 튀기듯 구운 후 키친타월에 올려 기름기를 빼서 사용해요.

2

4

- 멥쌀 1컵
  (160g, 불린 후 210g)
- 다진 쇠고기 100g
- 마늘 5쪽(25g)
- 물 6컵(또는 표고버섯
  다시마국물 38쪽 참고, 1.2ℓ)
- 식용유 1큰술
- 소금 1/2작은술
  (기호에 따라 가감)

밑간
- 다진 파 1/2큰술
- 양조간장 1큰술
- 청주 1큰술
- 설탕 1작은술
- 통깨 1작은술
- 다진 마늘 1작은술
- 참기름 1작은술
- 후춧가루 약간

1 볼에 멥쌀, 잠길 만큼의 물을 담아 30분간 불린 후
   체에 밭쳐 물기를 뺀다.

2 다진 쇠고기는 키친타월로 감싸 핏물을 없앤 후
   볼에 밑간 재료와 함께 넣고 버무려 10분간 둔다.

3 마늘은 얇게 편 썬다.

4 달군 냄비에 식용유를 두르고 마늘을 넣어 중약 불에서 30초,
   쇠고기를 넣어 중간 불로 올려1분, 쌀을 넣고 1분간 볶는다.

5 냄비에 물 6컵(1.2ℓ), 소금을 넣고 센 불에서 끓어오르면
   중약 불로 줄여 중간중간 저어가며 20분간 끓인다.
   소금으로 부족한 간을 더한다.

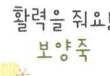

매생이 조개죽

바다내음이 물씬 풍기는 매생이를 듬뿍 넣은 죽입니다.
겨울철에 먹으면 더 좋은 보양죽이지요. 손질된 조갯살을 사용해 더 간편하게 만들어보세요.

굴 매생이죽으로 만들기

조갯살 대신 굴 3/4컵(150g)을 넣어도 좋아요.
굴은 손질한 후(18쪽) 과정 ④의 조갯살 볶는 과정을 생략하고
과정 ⑤에서 매생이와 함께 넣고 5분간 끓여요. 다른 과정은 동일하게 진행해요.

1 볼에 멥쌀, 잠길 만큼의 물을 담아 30분간 불린 후
체에 밭쳐 물기를 뺀다.

2 매생이는 체에 밭쳐 잠길 만큼의 찬물에 넣어 흔들어가며 씻는다.

3 조갯살은 체에 밭쳐 물(3컵) + 소금(1/2작은술)에
넣어 흔들어가며 씻는다.

4 달군 냄비에 참기름을 두른 후 조갯살을 넣어
센 불에서 1분 30초, 쌀을 넣고 1분 30초간 볶는다.

5 물 6컵(1.2ℓ)을 넣고 센 불에서 끓어오르면
중약 불로 줄여 중간중간 저어가며 15분간 끓인다.
매생이, 다진 마늘, 소금을 넣고 저어가며 5분간 끓인다.
부족한 간은 소금으로 더한다.

▶▶ 기호에 따라 국간장, 들깻가루로 간을 더해도 좋아요.

- 멥쌀 1컵
  (160g, 불린 후 210g)
- 매생이 1/3컵(50g)
- 조갯살 3/4컵(150g)
- 참기름 1/2큰술
- 물 6컵(또는 멸치
  다시마국물, 1.2ℓ)
- 다진 마늘 1/2작은술
- 소금 1/2작은술

흑임자죽

볶은 검은깨를 이용해 만든 건강죽입니다. 쌀을 곱게 갈아 부드러운 식감을 그대로 느낄 수 있지요.
취향에 따라 물을 가감해 좀 더 되직하거나 묽게 만들어 먹어도 좋아요.

쌀알이 살아 있는 흑임자죽으로 만들기

멥쌀을 갈지 않고 즐겨도 좋아요. 재료에서 멥쌀은 1컵(160g, 불린 후 210g)으로 늘려요.
과정 ②를 생략하고 과정 ④에서 멥쌀, 물 5컵(1ℓ)을 넣고 센 불에서 끓어오르면 중약 불로 줄여
중간중간 저어가며 15분간 끓여요. 다른 과정은 동일하게 진행해요.

- 멥쌀 3/4컵
  (120g, 불린 후 160g)
- 볶은 검은깨 1/2컵(70g)
- 물 6컵(1.2ℓ)
- 설탕 약간(기호에 따라 가감)
- 소금 1작은술
  (기호에 따라 가감)

3

4

5

1 볼에 멥쌀, 잠길 만큼의 물을 담아 30분간 불린 후
체에 밭쳐 물기를 뺀다.

2 푸드프로세서에 불린 쌀과 물 1컵(200㎖)을 넣어
1분간 곱게 갈아 냄비에 덜어 둔다.

3 푸드프로세서에 검은깨를 넣고 곱게 간 후 물 1컵(200㎖)을 넣어 간다.

4 ②의 냄비에 물 4컵(800㎖)을 넣고 중간 불에서 가장자리에 기포가 생길
때까지 저어가며 끓인 후 약한 불로 줄여 계속 저어가며 5분간 끓인다.
  ▶ 쉽게 눌어붙기 때문에 계속 저어가며 끓이는 것이 좋아요.

5 ③을 넣고 약한 불에서 저어가며 5분간 끓인다.
설탕, 소금으로 부족한 간을 더한다.
  ▶ 먹기 전에 기호에 따라 설탕, 소금을 넣어야 죽이 삭는 것을 막을 수 있어요.

죽 한 상에 딱! 반찬 6가지

죽의 부족한 단백질을 보충해주는 장조림, 시원하게 먹기 좋은 냉국,
짭조름해 입맛을 살려주는 장아찌까지. 죽 한 상을 멋지게 차릴 수 있는 반찬을 소개합니다.

죽의 단짝 친구
쇠고기장조림

⏰ 35~45 분(+ 핏물 빼기 30분, 삶기 50분) / ☺ 15 회분 / 74 kcal

- 쇠고기 홍두깨살
  (또는 사태, 우둔살) 600g
- 마늘 20쪽(100g)

고기 삶는 물
- 생강 6쪽(마늘 크기, 30g)
- 대파(푸른 부분) 15cm 4대
- 양파 1/4개(50g)
- 건고추 1개(생략 가능)
- 물 5컵(1ℓ)

양념
- 고기 삶은 물 3컵(600㎖)
- 설탕 2큰술
- 양조간장 6큰술
- 국간장 2큰술
- 매실청 2큰술

❶ 쇠고기는 5cm 두께로 썬다. 볼에 쇠고기,
잠길 만큼의 찬물을 넣고 30분간 담가 핏물을 뺀 후
체에 밭쳐 물기를 뺀다. 이때, 중간중간 물을 갈아준다.
▶▶ 핏물을 잘 빼야 누린내가 나지 않아요.

❷ 냄비에 고기 삶는 물 재료를 넣고 센 불에서 끓어오르면
쇠고기를 넣고 뚜껑을 덮어 약한 불로 줄여 50분간 삶는다.
▶▶ 끓어오르면서 생기는 거품은 고기의 불순물이에요.
고운 체 또는 국자로 걷어내세요.

❸ 젖은 면포를 깐 체에 ②을 부어 고기 삶은 물과
쇠고기를 따로 둔다.
▶▶ 고기 삶은 물이 3컵(600㎖)이 되지 않는다면 물을 더하세요.

❹ 냄비를 씻고 양념 재료를 넣어 센 불에서 끓어오르면
쇠고기를 넣고 뚜껑을 덮어 중약 불로 줄여 20분,
마늘을 넣고 10분간 끓인다.

❺ 그대로 한 김 식힌 후 결대로 찢는다.
완전히 식힌 후 밀폐용기에 담는다(냉장 7~10일).

❗ 달걀장조림 만들기

삶은 달걀 15개, 청양고추 3개(생략 가능)
국물 국물용 멸치 10마리(10g), 다시마 5×5cm 4장,
물 4컵(800㎖)
양념 설탕 2큰술, 양조간장 6큰술, 국간장 2큰술, 매실청 2큰술

❶ 달군 냄비에 멸치를 넣고 중간 불에서 1분간 볶는다.
나머지 국물 재료를 넣고 중약 불에서 25분간 끓인 후
건더기를 건져낸다.

❷ 청양고추는 어슷 썬다. 냄비에 양념 재료, 삶은 달걀을 넣어
센 불에서 끓어오르면 중간 불로 줄여 10분, 청양고추를
넣고 중간 불에서 5분간 끓인다. 완전히 식힌 후 밀폐용기에
담는다(냉장 7~10일).

함께 떠 먹기 좋은

오이 김치냉국

⏰ 20~30분 / ☺ 2~3인분 / 64 kcal

- 오이 1/2개(100g)
- 익은 배추김치 1컵(150g)
- 송송 썬 홍고추 1개분(생략 가능)
- 소금 1/4작은술

국물
- 다시마 5×5cm 2장
- 찬물 3컵(600㎖)
- 뜨거운 물 1컵(200㎖)

밑간
- 참기름 1작은술 • 설탕 1작은술

양념
- 식초 4~5큰술(기호에 따라 가감)
- 국간장 1과 1/2큰술
- 매실청(또는 올리고당) 3큰술
- 통깨 1작은술
- 소금 1작은술(기호에 따라 가감)

❶ 볼에 국물 재료를 넣고 10분간 둔 후
다시마를 건져내고 랩을 씌워 냉장실에 넣어 둔다.

❷ 오이는 길이로 2등분한 후 0.5cm 두께로 어슷 썬다.
볼에 소금 1/4작은술과 함께 넣고 섞어 10분간 둔 다음
찬물에 헹궈 물기를 꼭 짠다.

❸ 김치는 흐르는 물에 씻어 물기를 꼭 짠 후
1cm 두께로 썬다. 볼에 밑간 재료와 함께 넣고 섞는다.

❹ ①의 국물에 양념 재료를 넣어 섞은 후
나머지 재료를 모두 넣는다.

짭조름한 밑반찬
땅콩 연근조림

⏰ 40~50분 / ☺ 10회분 / 93 kcal

- 연근 지름 5cm,
  길이 10cm 1토막(150g)
- 생땅콩 1컵(120g)
- 생강 3톨(마늘 크기, 15g)
- 올리고당 1큰술
- 통깨 1작은술
- 참기름 1작은술

양념
- 마늘 2쪽(10g)
- 대파 10cm 2대
- 양조간장 2큰술
- 맛술 1큰술
- 설탕 2작은술
- 물 2컵(400㎖)

❶ 연근, 땅콩 삶을 물(4컵) + 식초(1큰술) + 소금(1작은술)을 끓인다.
연근은 필러로 껍질을 벗겨 길이로 4등분한 후 0.5cm 두께로 썬다.
생강은 얇게 편 썬다.

❷ ①의 끓는 물에 연근, 땅콩을 넣고 중간 불에서 10분간 삶는다.
체에 밭쳐 찬물에 헹궈 그대로 물기를 뺀다.

❸ 냄비에 양념 재료, 연근, 땅콩을 넣어 센 불에서 끓어오르면
중간 불로 줄여 중간중간 섞어가며 15분간 끓인다.

❹ 생강을 넣고 중간 불에서 5분간 끓인 후 마늘, 대파는 건져낸다.

❺ 올리고당을 넣고 중간 불에서 2분간 양념이 자작해질 때까지
저어가며 조린다. 불을 끄고 통깨, 참기름을 넣어 섞는다.

아삭아삭 식감이 좋은
오이고추장아찌

⏰ 20~30분 (+ 숙성하기 2일) / 😊 7회분 / 16 kcal

• 오이고추 5개
  (또는 풋고추, 100g)

장아찌 물
• 다시마 5×5cm
• 물 1과 1/2컵(300㎖)
• 식초 1/4컵(50㎖)
• 양조간장 2큰술
• 올리고당 2큰술

❶ 유리 용기에 끓는 물(1컵)을 담고 흔들어 소독한 후
   뒤집어 그대로 말려 물기를 완전히 없앤다.
   ▶▶ 화상의 위험이 있으니 장갑을 끼고 소독해요.

❷ 오이고추는 2cm 두께로 썬다.

❸ 냄비에 장아찌 물 재료를 모두 넣고 센 불에서 끓어오르면
   중약 불로 줄여 5분간 끓인 후 다시마를 건져내고 한 김 식힌다.

❹ ①의 용기에 오이고추를 담고 장아찌 물을 부은 후
   뚜껑을 덮어 냉장실에서 2일간 숙성시킨다(냉장 15일).

만들어 두면 요긴한
저염 대파장아찌

⏰ 20~30분(+ 숙성하기 1일) / 😊 5회분 / 38 kcal

- 대파(흰 부분) 20cm 3대
- 대파(푸른 부분) 20cm 6대
  (또는 무 2토막, 양파 1개,
  양배추 약 7장, 200g)

장아찌 물
- 다시마 5×5cm
- 물 1과 1/2컵(300㎖)
- 양조간장 1/4컵(50㎖)
- 식초 1/4컵(50㎖)
- 올리고당 3과 1/2큰술

❶ 유리 용기에 끓는 물(1컵)을 담고 흔들어 소독한 후
  뒤집어 그대로 말려 물기를 완전히 없앤다.
  ▶▶ 화상의 위험이 있으니 장갑을 끼고 소독해요.

❷ 대파는 2cm 두께로 썬다.
  ▶▶ 두꺼운 흰 부분은 2등분해도 좋다.

❸ 냄비에 장아찌 물 재료를 모두 넣고 센 불에서 끓어오르면
  중약 불로 줄여 5분간 끓인 후 다시마를 건져내고 한 김 식힌다.

❹ ①의 용기에 대파를 담고 장아찌 물을 부은 후
  뚜껑을 덮어 6시간 동안 실온에 두었다가
  냉장실에서 하루 동안 숙성시킨다(냉장 15일).

Index

메뉴를 개발하고 소장가치 높은 요리책을 만듭니다

레시피팩토리

─── 온가족이 함께 나누는 맛있는 집밥 ───

번거롭게 한 상 차릴 필요 없다
바로 만들어, 바로 즐기자
〈김치만 곁들이면 식사 준비 끝! 일품 반찬〉

친정엄마 밥상에서 막 독립한
요리 왕초보들을 위한 책
〈진짜 기본 요리책〉 완전 개정판

아이 소풍용, 온 가족 도시락용,
냉장고 털이용, 별미 김밥 레시피
〈무궁무진한 김밥의 맛〉

기본부터 맛집 떡볶이까지!
국민 간식 떡볶이의 모든 것
〈무궁무진한 떡볶이의 맛〉

맛집 치킨부터 디핑 소스, 사이드 메뉴까지!
치킨 마니아 필독서
〈치맥이 더 맛있어지는 치킨〉

사계절 내내
맛있는 집밥이 필요하다면?
〈문화센터 인기요리수업 한 권으로 끝내기〉

홈페이지 www.recipe-factory.co.kr **애독자 카페** cafe.naver.com/superecipe
카카오스토리·페이스북 레시피팩토리everyday
인스타그램 @recipefactory   **네이버포스트** 레시피팩토리   **네이버TV·유튜브** 레시피팩토리TV

구입 및 문의 1544-7051, 온·오프라인 서점

소박하지만 따뜻하게 즐길 수 있는 한그릇

기본 국수부터 맛집 국수까지,
탐나는 국수 레시피 65가지
〈오늘부터 우리 집은 국수 맛집〉

따뜻한 밥 위에
작은 정성을 올려 만든
〈소박한 덮밥〉

어렵게 느껴지는
이탈리아 파스타가 아닌
집에서 즐길 수 있는
〈소박한 파스타〉

계절의 흐름을 느낄 수 있는 요리책

직접 채소를 기르고, 요리하는
도시농부의 이야기
〈작은 텃밭 소박한 식탁〉

싱그러운 계절의 맛
**〈제철 재료를 가득 담은
사계절 베이킹〉**

피클, 절임, 페스토까지!
일상의 재료로 만드는
**〈내일 더 맛있는
오늘의 마리네이드〉**

가끔이지만
꼭 필요한 요리책

죽

1판 1쇄 펴낸 날 2016년 2월 19일
1판 3쇄 펴낸 날 2020년 3월 16일

편집장	이소민
편집	구효선·김진우
레시피 개발/ 검증	백운숙
아트 디렉터	원유경
디자인	전아름
사진	이보영(studio roc)·유진행
스타일링	김형님
일러스트	박경연
영업·마케팅	염금미·송지윤·김은하

고문	조준일
펴낸이	박성주

펴낸곳	(주)레시피팩토리
주소	서울시 송파구 올림픽로 35가길 10 (잠실더샵스타파크) B동 409호
독자센터	1544-7051
팩스	02-534-7019
홈페이지	www.recipe-factory.co.kr
독자카페	cafe.naver.com/superecipe
출판신고	2009년 1월 28일 제25100-2009-000038호

제작·인쇄	(주)대한프린테크

값 8,800원

ISBN 979-11-85473-14-7